Post aus der guten alten Zeit
von Wilhelm Görges

Post aus der guten alten Zeit

Eine Auswahl
aus dem Deutschen Post-Almanach
von Wilhelm Görges

Mit freundlicher Genehmigung
des Bundespostmuseums Frankfurt am Main

ISBN 3-927060-02-X
© 1989 ELM-VERLAG, 3302 Cremlingen
Druck: Borek GmbH, Braunschweig

„Die gute alte Zeit"

Mit dem Ende der Ära Napoleons und nach dem Wiener Kongreß (1815) begann für Deutschland eine lange Periode des Friedens, zumindest nach außen. Unser Bild von jener Epoche wird häufig geprägt von vielen beschaulichen Darstellungen in der Art eines Ludwig Richter. Die Biedermeierzeit war jedoch auch eine Ära des beginnenden Umbruchs. Das Bürgertum gewann mehr Einfluß, Professoren (zum Beispiel die „Göttinger Sieben") und Studenten (in den Burschenschaften) wandten sich gegen fürstliche Willkür, und in Schlesien kam es 1844 zur ersten größeren proletarischen Erhebung, dem Weberaufstand. Am Ende der Biedermeierzeit stehen die Märzrevolution von 1848 und der Zusammentritt der Deutschen Nationalversammlung in der Paulskirche zu Frankfurt am Main am 18. Mai 1848. Möglicherweise noch bedeutsamer für den weiteren Gang der Geschichte war eine kleine Schrift, die im Februar 1848 erschien: das „Kommunistische Manifest" von Karl Marx und Friedrich Engels.

Auch in anderen Bereichen begannen Entwicklungen, die noch in unsere Zeit hineinwirken. Nachdem 1825 in England und 1835 in Deutschland die ersten Eisenbahnen gebaut worden waren, entstanden nach 1840 schon viele große Strecken des für die damalige Zeit schnellen neuen Verkehrsmittels. Die Gründung des Deutschen Zollvereins (1833) war ein erster großer Schritt zur Beseitigung kleinstaatlicher Grenzen in Deutschland. In die gleiche Richtung zielte der Versuch der deutschen Postverwaltungen, schon 1847 einen „Deutschen Postverein" zu gründen. Er wurde allerdings erst 1850 Wirklichkeit.

Die Post im Vormärz

Die staatliche Neuordnung Deutschlands nach 1815 hatte auch Änderungen bei den Postverwaltungen zur Folge. Zwar waren einige davon schon zwischen 1803 und 1806 verschwunden, so die Vorderösterreichische Post im südlichen Baden oder die Fürstbischöfliche Post im Münsterland. Auch die kurzlebigen französischen oder französisch beeinflußten Posteinrichtungen in den norddeutschen Departements sowie in den Großherzogtümern Berg und Frankfurt hatten die Niederlage Napoleons ebensowenig überlebt wie die im Königreich Westphalen. Am einschneidensten wirkten sich die Veränderungen jedoch auf die Thurn und Taxissche Post aus. Sie hatte sich bis zum Ende des alten Reiches (1806) auf das ihr vom Kaiser übertragene Postregal stützen können, auch wenn dieses von vielen deutschen Staaten nicht anerkannt wurde. Nach 1815 mußte das Haus Thurn und Taxis mit den Staaten, die sich weiterhin seiner Organisation bedienen wollten, einzelne Lehensverträge abschließen. Um 1848 arbeitete die Thurn und Taxissche Post in Hessen und Nassau, in Frankfurt am Main, in Teilen Thüringens, in Lippe-Detmold und Schaumburg-Lippe, in den beiden Hohenzollern und in Württemberg (dort nur bis 1851). In den großen Hansestädten gab es Thurn und Taxissche Postämter. Weitere Postverwaltungen bestanden in Preußen, Bayern, Sachsen, Hannover, Baden, Oldenburg, Mecklenburg-Schwerin und -Strelitz, Braunschweig, Schleswig-Holstein sowie in den Hansestädten Bremen, Hamburg und Lübeck. Die preußische Post betreute einige fremde Gebiete, zum Beispiel Anhalt und Waldeck.

Nach 1815 begann auch die Post, überkommene Vorschriften und Verfahren zu ändern und den Betrieb zu verbessern. So richtete die preußische Post im Jahre 1821 die ersten Schnellposten ein. Sie verkehrten schneller als die bis dahin üblichen Fahrposten und mit bis dahin unerreichter Pünktlichkeit. 1823 übernahm die preußische Post den vorher von den Postmeistern nebenbei und auf eigene Rechnung organisierten Zeitungsvertrieb als offizielle Aufgabe; dadurch wurde der Bezug fremder Publikationen besser und billiger. 1824 führte man in Preußen Briefkästen ein und begann mit der Landzustellung, zunächst im Bezirk Frankfurt an der Oder. 1848 wurden von Heidelberg aus die ersten Bahnpostwagen eingesetzt, in denen auch während der Fahrt Postsendungen bearbeitet werden konnten; Preußen folgte im Jahre darauf. 1849 erschien die erste deutsche Briefmarke, und zwar in Bayern (Großbritannien kannte Briefmarken schon seit 1840). Nach einem ergebnislosen ersten Versuch im Jahre 1847 gründeten die deutschen Postverwaltungen 1850 den Deutsch-Österreichischen Postverein, dessen Arbeit Gebührenermäßigungen und eine schnellere Beförderung der Sendungen ermöglichte; er wurde einer der Vorläufer des heutigen Weltpostvereins. In Preußen richtete man 1850 die Oberpostdirektionen als regionale Behörden ein; es gibt sie noch heute.

Zu dieser Zeit entstand aber auch eine völlig neue Art der Nachrichtenübermittelung. Stellvertretend für viele Erfinder von Telegrafengeräten seien hier nur Gauß und Weber (1833 in Göttingen) und Samuel Morse (1837 in den USA) genannt.

Nach einer Mitteilung im Post-Almanach von 1845 kam damals im Königreich Hannover ein Postbeamter (Postillione blieben unberücksichtigt) auf rund 3000 Einwohner. Von anderen Postverwaltungen liegen keine entsprechenden Zahlen vor. Geht man jedoch bei ihnen von demselben Verhältnis aus, so waren unter den damals rund 30 Millionen Einwohnern Deutschlands (ohne Österreich) etwa 10 000 Postbeamte zu finden. Diese geringe Zahl läßt erkennen, wie wenig bedeutend der Postverkehr noch gewesen sein muß. Ein Grund dafür ist sicher darin zu suchen, daß die Bevölkerung zu jener Zeit kaum mobil war; in Preußen zum Beispiel benutzte nur jeder siebte jährlich einmal die Postkutsche. Auch Briefe waren selten, weil viele Leute noch nicht schreiben konnten, und weil die Gebühren sehr hoch waren. So kostete 1844 in Preußen ein 15g schwerer Brief auf eine Entfernung von 75 bis 150 km 3¾ Silbergroschen, das heißt fast soviel wie ein Pfund Butter. Die Gebühren wurden damals im allgemeinen vom Empfänger gezahlt, eine Vorauszahlung durch den Absender war häufig nur teilweise möglich. Wurde der Brief am Bestimmungsort nicht abgeholt, so war für die Zustellung nochmals eine Gebühr, in Süddeutschland zum Beispiel 1 Kreuzer, zu zahlen.

Ähnlich verhielt es sich mit den Gebühren im Reiseverkehr. In Preußen kostete die Fahrt mit der Personenpost 6 Silbergroschen je Meile (= rund 7,5 km), mit der Schnellpost sogar 9 bis 10 Silbergroschen. Eine Berliner Weißzeugnäherin hätte für eine Fahrt mit der Schnellpost nach Aachen und zurück mehr als einen Jahreslohn opfern müssen.

Trotz des recht geringen Verkehrsumfanges ging es damals bei den Postämtern keineswegs gemütlich zu. Allein die unterschiedlichen Bestimmungen und Tarife der verschiedenen deutschen Postverwaltungen machten die Annahme eines Briefes, der über die oft engen Landesgrenzen hinausging, zu einer zeitraubenden Beschäftigung. Nahte dann der Abgang der Post, so waren alle Briefe einzeln in die „Karten" für die Bestimmungsämter einzutragen, und zwar mit genauer Angabe der bereits erhobenen Gebühr. Die Posten, zum Beispiel Reitposten oder Postkutschen, verkehrten selbst nachts, so daß der arme Postschreiber oft mehrmals seinen Schlaf unterbrechen mußte, um die Ladungen auszutauschen.

Auch tagsüber war die Arbeit sehr mühselig. Es gab zum Beispiel keine Schalterräume; die Kunden wurden an einem offenen Fenster „abgefertigt", das zu einer Hofeinfahrt oder gar direkt zur Straße führte. In zeitgenössischen Darstellungen wird wiederholt darüber geklagt, daß die Schalterbeamten ihre Erkältungen nicht mehr los wurden. Andere Beamte beschweren sich häufig über die Enge der Diensträume; in einer Schilderung aus alten Tagen heißt es, daß sie unter dem Qualm der vielen Lampen, des Steinkohleofens, des verbrannten Siegellacks und den Gerüchen der Pakete mit Käse, Fisch, Austern, Wurst und verdorbenen Lebensmitteln sehr zu leiden hatten, und das alle Tage, auch samstags und sonntags. Zudem war der Lohn gering, junge Leute mußten während ihrer dreijährigen Einarbeitungszeit sogar ohne Bezahlung arbeiten. Auch danach bekamen sie nur wenig Lohn, und erst nach vielen Jahren wurden sie zum Beamten ernannt.

Sieht man sich die Postbeamten jener Zeit einmal näher an, so fallen die großen hierarchischen Unterschiede sofort ins Auge. Sie äußerten sich vor allem in der Uniform, die bei den hohen Rangstufen oft so aufwendig, zum Beispiel mit Goldstickereien ausgestattet war, daß ihre Anschaffung selbst gutbesoldeten Beamten gewisse finanzielle Schwierigkeiten bereitete. Vor allem aber die „kleinen" Beamten hatten damit ihre Probleme, da sie im Verhältnis zu heute weit weniger als die Spitzenbeamten verdienten. Außerdem gab es noch keine oder nur geringe Zuschüsse zu den Uniformkosten. Einen besonderen Status hatten die Postillione. Sie waren zu jener Zeit private Arbeitnehmer des jeweiligen Posthalters. Dieser hatte mit der Post einen Vertrag geschlossen, gegen eine festgesetzte Vergütung bestimmte Fuhrleistungen mit seinen Pferden, seinem Personal und zum Teil auch eigenen Wagen für die Post zu erbringen. Posthalter waren oft Gast- oder Landwirte. Für den Postfuhrdienst steckten sie Knechte in Postillionsuniform. Die Postillione galten in Preußen als „Gesinde" des Posthalters, unterstanden aber gleichzeitig als „Königliche Beamte" der Aufsicht des jeweiligen Postamts. Ihre „Monturen" beschaffte der Posthalter, bekam dafür häufig jedoch Zuschüsse von der Post. In der zweiten Hälfte des 19. Jahrhunderts mußte die Post allerdings dazu übergehen, auch „ärarische" Posthaltereien einzurichten, da sich vor allem in den großen Städten keine Unternehmer mehr fanden, die oft hundert und mehr Pferde für die Post bereithalten konnten.

Wilhelm Görges und der Deutsche Post-Almanach

Von 1842 bis 1853 erschien jährlich ein kleines Büchlein, etwa im Format 13 × 11 cm mit einem Umfang von durchschnittlich 300 Seiten. Es trug den Titel „Deutscher Post-Almanach" und wurde von Wilhelm Görges in Braunschweig herausgegeben.

Liest man den Lebenslauf des Gustav Wilhelm Emil Görges, so unterscheidet er sich kaum von vielen anderen in jener Zeit. Görges wurde am 22. April 1813 als Sohn eines „Hof- und Domcantors" in Braunschweig geboren, absolvierte nach der Schule eine vierjährige kaufmännische Lehre und bildete sich danach an dem Collegium Carolinum in Braunschweig in fremden Sprachen weiter. Ende Juli 1833 begann er seine Tätigkeit bei dem Herzoglichen Hofpostamt in Braunschweig. Er wurde mehrfach befördert und trat Anfang 1875 in den Ruhestand, jetzt als „Kaiserlicher Ober-Post-Cassen-Rendant". Als Pensionär lebte er noch fast 20 Jahre; er starb an Weihnachten 1894.

Was aber hat die Stadt Braunschweig bewogen, im Jahre 1912 einer neuen Straße den Namen „Görgesstraße" zu geben? Die Antwort ist sicher nicht in dem dienstlichen Wirken des Postbeamten Görges zu finden. Er hat sich vielmehr durch eine Reihe von Veröffentlichungen einen Namen gemacht, so durch das Buch „Galerie von Portraits der berühmten Herzöge von Braunschweig-Lüneburg" (1840) und drei Bände „Vaterländische Geschichten und Denkwürdigkeiten der Vorzeit" (1843–1845) sowie das „Friedrich-Wilhelm's-Album" (1847). Über den Raum Braunschweig hinaus ist er aber vor allem durch seinen Deutschen Post-Almanach bekannt geworden, der in Deutschland, aber auch in Belgien, Holland, Italien, Rußland, Ungarn und in der Schweiz Leser fand. Selbst offizielle Stellen äußerten damals ihre Anerkennung, so die Direktion der Großherzoglich Badischen Posten und Eisenbahnen (1849) und der Preußische Geheime Kabinettsrat (1851), und das trotz der oft kritischen Stellungnahmen gegen die Vielstaaterei, die in dem Post-Almanach immer wieder zu finden sind. Görges war eben nicht nur ein Braunschweiger Regionalpatriot; er schaute über den Zaun des Herzogtums hinaus und fühlte sich als Deutscher. Zur Erweiterung seines geistigen Horizonts haben sicher auch die – für die damalige Zeit und für einen „kleinen" Beamten – vielen Reisen beigetragen, die Görges unternommen hat. Sein Reisetagebuch läßt einen aufgeschlossenen und fröhlichen Menschen erkennen, der aber, wo es nötig war, auch mit kritischen Bemerkungen nicht sparte. Zwischen 1839 und 1882 unternahm Görges zahlreiche Reisen, zu Fuß, mit Postkutschen, Eisenbahnen und Schiffen, nicht nur in den nahen Harz, sondern auch nach Helgoland, Bayern, Österreich und in die Schweiz. Mit dem Titel „Deutscher Post-Almanach" bezeichnete Görges zugleich sein Redaktionsprogramm. Zu einer Zeit, als es im Deutschen Bund noch rund 35 souveräne Staaten mit 15 verschiedenen Postverwaltungen gab, mußte der im Jahre 1843 veröffentlichte Artikel „Wie ist die Vereinigung sämtlicher Posten in Deutschland oder auch nur des größten Teils derselben unter eine Zentralverwaltung ausführbar?" mehr als Aufsehen erregen, ja fast wie ein Aufruf zum Umsturz wirken.

Selbstverständlich war der Post-Almanach nur in einzelnen Beiträgen so aufsässig, sonst aber friedlich. Er ist von 1843 bis 1852 jeweils in einen ersten, informativen, und einen zweiten, unterhaltenden Teil gegliedert. Im ersten Jahrgang (1842) gibt es noch keine solche Trennung, im letzten, 1853 erschienenen Post-Almanach fehlt der erste Teil. Seine Themen reichen in den anderen Jahrgängen von der Postgeschichte bis zu Rechts-, Verwaltungs- und Betriebsfragen. Man findet dort Abhandlungen über das Personalwesen bei einzelnen deutschen Postverwaltungen sowie Beschreibungen der Beamtenuniformen und der „Monturen" der Postillione. Mehrere Artikel befassen sich mit neuen Postgebäuden, zum Beispiel in Dresden und München, aber selbst in Brüssel und London. Natürlich fehlen auch Aufsätze über Eisenbahnen und den Transport der Post mit diesem neuen Verkehrsmittel ebensowenig wie eine Beschreibung des deutschamerikanischen Schaufelraddampfers „Washington". Selbst die Telegrafie wird behandelt, zum Beispiel der im Herzogtum Braunschweig eingeführte Zeigertelegraf von Siemens & Halske. Der zweite Teil der Post-Almanache enthält umfangreiche Personalverzeichnisse, vor allem aber Novellen, Gedichte, Anekdoten und Beispiele für merkwürdige Adressen. Er diente hauptsächlich der Unterhaltung und sollte auch den Familien der Postbeamten Lesestoff bieten. Doch selbst in manchen Erzählungen finden sich einige kritische Bemerkungen zu den bestehenden Verhältnissen, ja sogar Äußerungen, die von manchen Zeitgenossen als aufrührerisch empfunden werden konnten.

Ein Blick in zwölf Bücher

Die zwölf Jahrgänge des Post-Almanach umfassen über 3000 Seiten. Daraus wurden vor allem solche Beiträge ausgewählt, die auch heute noch interessant sind, oder die einen Eindruck von dem Gesamtwerk vermitteln können.

So zeigen die Anekdoten, über welch' einfache Geschichten man damals lachen konnte. Das gilt auch für die Sammlung kurioser Briefaufschriften, mit denen sich Postbeamte noch im späten 19. Jahrhundert beschäftigten. Sie beweisen, wie ungewandt manche Leute im Schreiben waren.

Überfälle auf Postkutschen gab es nicht nur im Wilden Westen der USA; auch in Europa und in Deutschland kamen solche Missetaten recht häufig vor, reisten doch vornehmlich reiche Leute, vor allem Kaufleute, und meist mit viel Bargeld. Auch unter der Post befanden sich häufig Geldsendungen, da es einen unbaren Zahlungsverkehr noch so gut wie gar nicht gab. Die Bilder und Beschreibungen der Uniformen und der Postillionsmonturen weisen auf die farbenprächtige Vielfalt der deutschen Postverwaltungen und ihrer Beamten hin. Diese Buntscheckigkeit aber kam die Kunden der Post teuer zu stehen. Außerdem führten sie zu Umwegen und Verzögerungen bei der Beförderung der Sendungen. Der Bericht über den Postdieb Grandisson-Grosjean beweist, daß man schon damals auch Verbrecher mit „weißem Kragen" fürchten mußte. Eine Fundgrube für Freunde der Heimat- und Postgeschichte sind schließlich die Verzeichnisse der Postbeamten im Herzogtum Braunschweig und im Königreich Hannover.

Herbert Leclerc

Carl Grandisson.

Historische Novelle.

Der holde Lenz hatte bereits die Erde mit neuem Schmucke angethan, als im Jahre 1802 zu N., einem Landstädtchen nahe bei Heidelberg, eine Familie in eigenem Wagen vor dem besten Gasthofe vorfuhr, um hier zu übernachten. Je seltener es war, daß hohe Herrschaften hier in solcher Absicht vorkehrten, desto mehr wurde die Aufmerksamkeit nicht bloß des Gastwirths, sondern sämmtlicher Stadtbewohner auf diese Familie hingelenkt, deren elegante Kleider und schwere Koffer man mit Staunen betrachtete. Das größte Aufsehen aber erregte der Reisewagen dieser Herrschaft der mit massivem ächtem Silber beschlagen und mit silbernen Laternen versehen war. Alles erschöpfte sich in Vermuthungen über diese Familie.

Die fremde Herrschaft hieß Grandisson. Herr Grandisson, ein Mann von gewinnenden Zügen, dem man eine gereifte Weltbildung ansah, war ein steinreicher Kaufmann aus Dänemark, welcher Schiffe auf der See gehen hatte, und durch seine Comtoirs in Schweden und Rußland den ausgebreitetsten Handel mit Hanf, Flachs, Eisen u. s. w. trieb. Des Apothekers Bruder hatte Herrn Grandisson auf seinen Wanderungen einmal irgendwo getroffen, und mit ihm über Essigfabrication gesprochen. Herr Grandisson hatte sich jetzt bei seiner Durchreise desselben erinnert, und wollte nun etwas Näheres über dessen Geschäft hören.

Madame Grandisson war während der Reise, in einer Stadt, wo kein protestantischer Prediger war, von ihrem jüngsten Kinde entbunden worden, und hatte darum das Kind ungetauft wieder mit auf die Reise genommen. Herr Grandisson wollte nun die Taufe durch den Schwager des Herrn X., einen protestantischen Prediger jenseits des Rheins, welchen er einmal in Holland gesehen, zur Erneuerung ihrer Freundschaft vollziehen lassen. Herr X. machte jedoch Herrn Grandisson mit der Douanen-Einrichtung am linken Rheinufer bekannt, und rieth ihm deshalb ab. Zugleich eröffnete er ihm, es wohne auch in N. ein reformirter Prediger, worauf Herr Grandisson beschloß, sein Kind hier taufen zu lassen. Herr X. hatte die Ehre, bei dem Kinde Gevatter zu werden.

Das war in der That mehr, als man erwartet hatte. Beide Söhne des Predigers Z. waren gute Bekannte sowohl des Apothekers als dessen Bruders. Sie trafen bereitwilligst Anstalt, die Sache ins Reine zu bringen, und so hatte das gute Städtchen N. das hohe, unverhoffte Glück, die jüngste Tochter des reichen Kaufherrn Grandisson, dessen Handel sich weit über Schweden und Rußland erstreckte, in seinen Mauern taufen zu sehen und durch verschiedene glanzvolle Feste ausgezeichnet zu werden.

Das Andenken an diese Feste blieb noch lange frisch, und die ganze Einwohnerschaft von N. bestrebte sich, durch allerlei Gefälligkeiten die reiche Herrschaft noch länger zu fesseln. Allein Alles unter dem Monde ist unbeständig, — so war es auch dies Glück des guten Städtchens N. Ja, gerade diejenigen, welche am Meisten zu dessen Begründung beigetragen hatten, mußten es selbst untergraben.

Die beiden Söhne des Predigers Z., von denen der jüngste erst vor Kurzem eine junge Frau aus einer großen Stadt Nord-Deutschlands heimgeführt hatte, waren in ein besonders inniges Verhältniß zur Familie Grandisson getreten, und genossen das Glück, dieselbe in ihrem prunkvollen Wagen mit den Umgebungen bekannt zu machen. So kamen sie auch in Heidelberg's reizende Gefilde, von denen der ältere Z. so oft mit Begeisterung gesprochen hatte. Die Familie Grandisson ward entzückt, und beschloß, hier ihren Wohnsitz nehmen.

Der jüngere Sohn des Predigers Z., dessen junge Frau sich besonders innig an Madame Grandisson angeschlossen hatte, ging mit nach Heidelberg, und bezog mit Grandisson's ein Haus. Auch der ältere Z., Candidat der Theologie, und Pfarr-Vicar in N., war wenigstens sehr oft zum Besuche in Heidelberg, wohin ihn die zaubervolle Unterhaltungsgabe und der unwiderstehliche Liebreiz der Madame Grandisson zogen. Durch die beiden Z. verbreitete sich dann auch in Heidelberg die Kunde von dem ausgebreiteten Handel und den unermeßlichen Schätzen Grandisson's, und wer das Vertrauen dieser beiden Herren besaß, erfuhr zugleich, daß Madame Grandisson eine vornehme Holländerin aus einer der angesehensten und reichsten Familien und von ihrem Manne entführt worden sei.

Trotz ihres romantischen Namens und ihres großen Reichthums würde die Familie Grandisson in Heidelberg doch wenig Aufsehen erregt haben, da sie ziemlich eingezogen lebte, wenn nicht ein besonderes Ereigniß sie plötzlich zum Gegenstande der allgemeinsten Unterhaltung gemacht hätte. Herr Grandisson vermißte nämlich in seiner reichgefüllten Chatoulle, deren Inhalt das Gerücht auf 40—60,000 fl. in Golde angab, 100 Ducaten, so wie verschiedenes Silbergeld, im Ganzen 800 fl. Es konnte ihm nur entwendet sein. Er entdeckte dies seiner Gattin, aber auch ihren gemeinschaftlichen Freunden, den Brüdern Z. Diese beeiferten sich nach ächter Freundesart, dem Diebe auf die Spur zu kommen. Der nächste Verdacht fiel auf die 16jährige Kindermagd der Madame Grandisson, Namens Schmitt, deren Eltern übrigens, in Heidelberg wohnhaft, im entschiedensten Rufe der Ehrlichkeit und Bravheit standen. Das Mädchen ward streng beobachtet. Herr und Madame Grandisson fuhren aus, und ertheilten dem Mädchen den Auftrag, während ihrer Abwesenheit den Boden des Zimmers, in welchem sich die Chatoulle befand, zu reinigen, vorher aber erst auswärts etwas zu besorgen. Kaum war die Herrschaft abgefahren, so richtete das Mädchen den letzten Auftrag aus. Diese Zeit nahm Herr Grandisson wahr, in einiger Entfernung vom Hause auszusteigen, nach Hause zurückzukehren, und hier sich in einem Schranke zu verbergen, welcher in demselben Zimmer nicht weit von der Chatulle stand, und durch dessen Thür er, um alles genau beobachten zu können, ein Loch gebohrt hatte. Allein diese Beobachtungen führten nicht zum erwünschten Ziele. Man schritt daher zu einer noch härteren Probe. Bei einer Spatzierfahrt nahm man das Mädchen mit, angeblich, um ihr auch einmal ein Vergnügen zu machen. Unterwegs bei einem Walde hielt man an. Das Mädchen ward mit in den Wald genommen und hier auf den Diebstahl inquirirt. Umsonst betheuerte das Mädchen seine eigene Unschuld, so wie die Unschuld seiner braven Eltern; der jüngere Z. drohte mit dem Zuchthause, wenn es nicht bekenne. Da schrak das

Mädchen zusammen, und gestand wenigstens so viel, wenn sie es ja gethan haben sollte, so sei es unwissend geschehen, indem Jemand sie habe unglücklich machen wollen und ihr vielleicht das Geld in ein Päckchen schwarzer Wäsche, das sie nach Hause gebracht, gesteckt habe.

So hatten denn die Inquisitoren gesiegt, und eiligst ward nun der Rückweg angetreten. Die Diebin wurde gezwungen, in einem Briefe an ihre Eltern ihre Schuld darzulegen, und diese zur Herausgabe des Geldes aufzufordern. Mit diesem Briefe eilte man zu den Eltern des Mädchens, dessen Vater krank darnieder lag. Wie erschrack der gute Vater! Ja, die Mutter sank sogleich in Ohnmacht. Alle Betheuerungen ihrer Unschuld halfen nichts, man rief die Polizei und begann die Hausdurchsuchung, bei welcher die Brüder Z. und Grandisson zugegen waren und hülfreiche Hand leisteten. Man fand indessen nichts, und die Polizei-Officianten wollten schon das Haus wieder verlassen, als der jüngere Z. auf einen Korb mit Lumpen aufmerksam machte, der noch nicht durchsucht sei. Man leerte den ganzen Korb aus, und siehe da, ein Ducaten fand sich unter den Lumpen.

Wer vermag das starre Entsetzen der braven Eltern zu schildern, als dieser hellblinkende Beweis gegen sie ihnen vorgehalten wurde. Sie waren sprachlos. Erst nach einiger Zeit konnten sie die Versicherungen ihrer Unschuld erneuern; doch umsonst. Die Mutter ward nebst der Tochter in peinlichen Arrest gebracht; den Vater rettete von gleichem Schicksale nur sein Krankheitszustand. Das Mädchen widerrief sogleich beim ersten Verhöre das Bekenntniß in dem Briefe an die Eltern, und erzählte nun unter Thränen und neuer Angst, auf welche Art man ihr das Geständniß entlockt, und sie zur Abfassung des fraglichen Briefes gezwungen habe.

Das Gericht erklärte daher, da Grandisson und seine Gehülfen jene Umstände nicht in Abrede stellten, das Geständniß des Mädchens für erzwungen, mithin ungültig und kraftlos. Dagegen berücksichtigte dasselbe mehrere andere Umstände, welche den Verdacht dieses Diebstahls auf den ältern Z. hinlenkten. Man erfuhr nämlich, Z. habe am Tage der Entwendung der Ducaten in einem öffentlichen Hause seine Freunde splendid bewirthet, mache überhaupt jetzt großen Aufwand, und habe Herrn Grandisson selbst gerathen, die Sache nicht weiter zu betreiben, weil die Justiz im Lande schlecht administrirt werde.

Dies Alles verlautete schon im Publikum, als Grandisson noch dazu anzeigte, der ältere Z. habe ihm auf der Straße einen ledernen Frauenzimmerhandschuh mit 48 holländischen Ducaten in die Hand gedrückt, und ihm dabei gesagt, diese seien von seines Bruders, des jüngern Z. Magd, Namens Therese, gefunden worden. Später bekannte Therese, der ältere Z. habe sie selbst aufgefordert, in dem bereits durchgesuchten Strohsacke des Grandisson'schen Dienstmädchens noch einmal nachzusuchen, und da habe sie diesen Handschuh mit dem Inhalte gefunden; daß er sie selbst zur Untersuchung des Strohsackes aufgefordert, habe er ihr dabei zu verschweigen besonders aufgegeben.

Noch war man mit der Untersuchung aller dieser Umstände beschäftigt, als der jüngere Z. vor Gericht erschien, und unter Vorlegung eines Briefes von seinem Vater anzeigte, sein älterer Bruder habe seinen Eltern den von ihm an Grandisson verübten Diebstahl bekannt, und sei in der letzten Nacht flüchtig geworden. Zu=

gleich hat er im Namen seiner Eltern, den Flüchtigen nicht mit Steckbriefen zu verfolgen, und bezahlte die sämmtlichen Gerichtskosten, während Grandisson sich mit den bereits wieder empfangenen 51 Ducaten zufrieden bezeigte. Die Schmitt'sche Ehefrau und deren Tochter, so wie die gleichfalls arretirt gewesene Therese wurden ihrer Haft entlassen.

Bald darauf wurden die Acten dem Hofgerichte vorgelegt. Dieses verfügte, trotz aller Remonstrationen des Predigers Z., die Erlassung der Steckbriefe gegen dessen ältern Sohn, und letztere erschienen wirklich sehr bald in den öffentlichen Blättern.

Wiederum änderte sich plötzlich die Scene. Der Prediger Z. erschien auf's Neue vor Gericht, und überreichte demselben einen Brief seines entwichenen Sohnes vom 28. Juni 1802, welcher von Amsterdam aus seinem Vater schrieb, er sei jetzt im Begriffe, sich nach Philadelphia einzuschiffen, müsse aber vorher noch die wahre Sachlage in Betreff der dem Herrn Grandisson entwendeten 100 Ducaten eröffnen. Er erzählte zu diesem Ende ausführlich, die Reize der Madame Grandisson hätten ihn gleich anfangs geblendet; ihr sanfter, liebevoller Charakter habe ihn allgewaltig zu ihr hingezogen, und die heftigste Leidenschaft für sie in seinem Herzen entzündet; er habe auch in der That nicht hoffnungslos geliebt; denn während einer kurzen Abwesenheit Grandisson's sei einst Madame Grandisson ihm in die Arme gesunken, habe ihn ihren Geliebten genannt, und ihm eröffnet, er allein sei Ursache, weshalb sie die Reise nach der Schweiz nicht fortgesetzt, sondern in Heidelbergs herrlicher Gegend ihren Wohnsitz gewählt. Durch die plötzliche Rückkehr Grandisson's wären zwar die weitern Herzensergießungen für's Erste gehemmt, allein bald darauf habe sich dazu eine neue Gelegenheit gefunden. Grandisson sei nämlich bei einem Gastmahle so berauscht gewesen, daß er ihn habe nach Hause bringen müssen. Da habe denn Madame Grandisson es wahrgenommen, mit erneuertem Feuer ihre Liebeserklärungen zu wiederholen, habe über die Härte ihres Mannes bitter geklagt und ihm eine Entweichung vorgeschlagen. Im Taumel der Leidenschaft habe er zwar in den Vorschlag gewilligt; bald aber sei die Erinnerung an seine hülflose Lage in ihm erwacht, er habe begriffen, daß er nicht im Stande sein werde, sich mit Madame Grandisson zu ernähren, und sei kühn genug gewesen, ihr seine Armuth zu gestehen. „Du bist arm, und ich bin reich!" — habe sie ihm zugerufen — mein Mann hat mir erst in diesen Tagen 1000 Ducaten geschenkt." Mit diesen Worten habe sie ihm 100 Ducaten gereicht, die er nach längern vergeblichen Weigerungen angenommen. Leider habe dann ihr Glück nur 10 Tage gedauert, denn da wäre von Grandisson der Cassendefect entdeckt. Auf die arme Schmitt habe er den Verdacht nur deshalb übergewälzt, um Madame Grandisson nicht zu compromittiren

Nach Mittheilung dieses Schreibens von der Hand des ältern Z. begann zwischen Grandisson's und der Familie Z. eine Reihe weitläufiger gerichtlicher Verhandlungen, die jedoch zu keinem besondern Resultate führten, wie denn überhaupt auch später in dieser verwickelten Angelegenheit wenig mehr aufgeklärt wurde. Grandisson schilderte das Glück seiner Ehe, und deducirte daraus weiter, wie es eine reine Unmöglichkeit sei, daß sich eine mit ihrem Manne glücklich lebende, an ihren beiden Kindern hängende 24jährige schöne, reiche und gebildete Frau, welche schon die halbe Welt durchreist und in den größten Städten gelebt habe, so plötzlich in einen alten, liederlichen, ungebildeten, verschuldeten und, wie Jedermann aus dem Signalement der Steckbriefe wisse, häßlichen Candidaten verliebe. Er gab ferner an, seine Frau habe stets weit mehr, als 100 Ducaten zu ihrer freien Disposition, und bedürfe darum keines Angriffs seiner Casse, um ihrem Galane, wenn sie wirklich einen solchen haben sollte, die schönsten Geschenke zu machen. Ja, Grandisson ging noch weiter, er trug allerlei Verdachtsgründe gegen die Brüder Z. vor, ohne sie jedoch vor Gericht genugsam erhärten zu können. Das Ende aller dieser Verhandlungen war, daß Grandisson und der jüngere Z. in Haß und Feindschaft geriethen, wiewohl sie noch in demselben Hause mit einander wohnen blieben.

Bald darauf begab sich Grandisson mit seiner Frau und Tochter Mathilde nach Straßburg, nachdem die in N. getaufte jüngste Tochter in Heidelberg gestorben war. Ob etwas Wahres an der Beschuldigung des Pfarrvicars gegen Madame Grandisson gewesen sei, hatte Niemand erfahren. Die tiefgekränkten Gatten hatten seitdem in Zurückgezogenheit, aber, wie es geschienen, in vollkommener Einigkeit gelebt, und an Achtung vor dem Publikum keineswegs verloren. Dies bezeugten zwei elegische Gedichte, in welchen ein Dichter Heidelberg's den trauernden Eltern bei dem Tode ihrer Tochter seine theilnehmenden Gefühle ausgedrückt hatte.

In der Folge erfuhr man in Heidelberg durch Bekannte, welche die Familie Grandisson dort hatte, daß sie von Straßburg nach Nancy und einige Jahre darauf nach Dijon gezogen sei. Zuweilen kam Grandisson noch auf seinen Reisen durch Heidelberg, wiewohl dies immer seltener wurde. Erst im Winter von 1810 bis 1811 erschien die Familie Grandisson plötzlich wieder auf ihrem frühern Schauplatze in Heidelberg. Auch diesmal kam sie wieder in eigenem mit zwei prächtigen Rothschimmeln bespannten Wagen und mit schweren Koffern. Sie stieg in einem der ersten Gasthöfe ab, in welchem sie einige Zeit verweilte, und folgte sodann der Aufforderung eines Bekannten aus früherer Zeit, einige Wochen bei ihm zu bleiben. Grandisson wurde von allen früheren Bekannten herzlich begrüßt, und nach einigen Monaten gelang es sogar, ihn zu einem längeren Verweilen im geliebten Heidelberg zu bewegen. Die Familie miethete sich bei einem Apotheker ein, und begann die frühere Lebensweise. Herr und Madame Grandisson schienen ihre vorzüglichste Sorgfalt der Erziehung ihrer beiden Kinder, Mathilde und Eduard, zu widmen. Beide Kinder besuchten nicht allein die öffentlichen Anstalten, sondern es wurden ihnen auch die vorzüglichsten Privatlehrer gehalten. Beide Eltern, besonders die Mutter, suchten Alles auf, den Lehrern und Lehrerinnen ihrer Kinder sich gefällig zu beweisen. Madame Grandisson, vielleicht eingedenk der üblen Nachreden aus früherer Zeit, erschien nie an öffentlichen Orten; sie gab nie regelmäßige Gesellschaften. In der Unterhaltung vermied sie es, über ihre und ihres Mannes Verhältnisse zu sprechen, wohl aber gedachte sie da gern ihrer großen und schönen Reisen. Gern gab sie zu verstehen, daß sie, wiewohl im Ueberflusse lebend, es allezeit vorziehe, sich zurückgezogen zu halten, und an der Erziehung ihrer Kinder mitzuwirken.

Herr Grandisson selbst erschien dagegen öfter an öffentlichen Orten; aber auch er sprach nie über seine Herkunft und seine Verhältnisse. Er galt für einen Kaufmann; aber nie sprach er mit andern Kaufleuten über sein eigentliches Geschäft. Wohl aber gab er hie und da Anlaß zu der Vermuthung, er treibe einen Schmuggelhandel mit Waaren aller Art, und dies Geschäft erschien zur damaligen Zeit der Franzosenherrschaft sogar als Patriotismus. In seinen Gesprächen war er allerdings ziemlich prahlerisch; doch wurden seine Prahlereien durch sein gefälliges, zuvorkommendes Wesen sehr gemildert. Sprach einer seiner Bekannten von einer kleinen Reise, so offerirte Grandisson seine Equipage. Für Alles wußte er Rath, für jedes Luxusbedürfniß Adressen und zur Uebernahme jeder Besorgung war er erbötig.

Das Einzige was auffallend erscheinen konnte, war, daß der reiche Kaufmann Grandisson beinah gar keine und sicher nie eine kaufmännische Correspondenz führte, daß er ferner seine Gelder weder durch Wechsel, noch durch baare Rimessen bezog, und daß er nie von seiner bevorstehenden Abreise sprach, sobald sie ganz nahe war, wenn gleich er länger vorher von seinen bevorstehenden Reisen nach bedeutenden Städten öfter gesprochen hatte. Durch die Vermuthung, Grandisson treibe einen bedeutenden Schmuggelhandel, wußte sich indeß Jeder dies Räthsel auf seine Art zu lösen. Die Localpolizei kam bei diesen Reisen in keine Berührung, da Grandisson seine Pässe von der Regierungsbehörde sich in der Regel auf sechs Monate ausstellen ließ.

So lebte die Grandisson'sche Familie wieder über drei volle Jahre in Heidelberg ruhig, geachtet und anscheinend glücklich, bis im April 1814, als Grandisson wieder verreist war, ein Schreiben der Fürstlich Thurn- und Taris'schen Oberpostamts-Direction in Frankfurt an den Stadtdirector Dr. Pfister in Heidelberg einging, in welchem Letzterm eröffnet wurde, dem Vernehmen nach habe der in Heidelberg wohnende Kaufmann Grandisson die größte Aehnlichkeit mit einem höchst gefährlichen Postpassagiere, welcher verschiedener Postwagendiebstähle äußerst verdächtig sei; derselbe sei unter dem Namen **Schloßbrück** von Caſſel nach Frankfurt auf der Poſt gereiſt, dann wieder am 24. Februar des laufenden Jahres unter dem Namen **Roſe** erſchienen, bald wieder unter den Namen **Groß, Griesbach** und **Walter**; namentlich ſei dieſer Paſſagier der letzten beiden Poſtdiebſtähle auf's Dringendſte verdächtig. Dieſe waren nämlich am 13. October 1812 und am 14. Februar 1814 geſchehen. Die Fürſtliche Oberpoſtamts-Direction erſuchte nun unter Beifügung verſchiedener Requiſitorien an Polizeibehörden, deren Berichte u. ſ. w., den Stadtdirector **Dr. Pfiſter** um weitere Nachforſchungen, und legte das Signalement des verdächtigen Paſſagiers bei. Dieſes ſtimmte auf's Genaueſte mit der Perſon des in Heidelberg wohnenden Grandiſſon überein. Auch wollte der Conducteur, von deſſen Wagen das letzte Packet entwendet worden war, den Menſchen, auf welchen der Verdacht fiel, in Heidelberg ſelbſt ſchon geſehen haben.

Jetzt kam, da Grandiſſon ſelbſt nicht in Heidelberg war, Alles auf das umſichtige Verfahren des Stadtdirectors **Dr. Pfiſter** an, um der Sache auf den Grund zu kommen, und dieſer Mann bewährte ſolche Umſicht auf das Glänzendſte. Er vertraute ſich für's Erſte Niemandem an. Unter der Hand aber verſchaffte er ſich zunächſt die ſichere Nachricht, Grandiſſon ſei ſchon ſeit mehreren Wochen wieder auf Reiſen, die Zeit ſeiner Rückkehr ſei unbeſtimmt, und Madame Grandiſſon ſcheine eben ſeiner langen Abweſenheit halber ſelbſt verlegen zu ſein. Vorausſetzend, Grandiſſon werde in der Zeit ſeiner längern Abweſenheit ohne Zweifel im Briefwechſel mit den Seinigen ſtehen, hielt es der Stadtdirector vor Allem für nöthig, ſich dieſer Correſpondenz zu verſichern, und entdeckte ſich deshalb zunächſt den Poſtbeamten in Heidelberg, welche die erwünschte Bereitwilligkeit zu seiner Unterstützung zeigten. Gegen die Madame Grandisson selbst irgend einen Schritt zu thun, widerrieth die Klugheit, da sie in dem Rufe der höchsten Liebenswürdigkeit und nachahmungswürdigsten Tugend stand. Sie ward also nur genau beobachtet, um für den Fall einer von ihr beabsichtigten Abreise von Heidelberg sich ihrer versichern zu können.

Die Hoffnung, wichtige Briefe in seine Hände zu bekommen, täuschte anfangs den Stadtdirector Pfister. Er kam also auf die Vermuthung, Madame Grandisson lasse ihre Briefe durch die Hand dritter Personen auf die Post geben. Durch verschiedene Umstände war der Hauswirth der Grandisson'schen Familie schon etwas argwöhnisch gegen seine Inquilinen geworden. Ihn glaubte daher Dr. Pfister am sichersten noch in's Geheimniß ziehen zu dürfen, um Madame Grandisson desto besser zu bewachen. Herr M., der gedachte Hauswirth Grandissons, theilte dem Stadtdirector mit, daß Madame Grandisson schon einige Male sich sein Siegel ausgebeten, einige Male auch Briefe zum Siegeln gebracht habe. Dem Postamte ward deshalb die erforderliche Auskunft unter bestimmter, für die Briefe M.'s unterscheidender Bezeichnung ertheilt, um solche von Madame Grandisson herrührenden, aber mit M.'s Siegel versehenen Briefe anhalten zu können.

Jetzt gelang es, einen Brief von ihr an Grandisson unter der Adresse des Herrn Prinz in Berlin zu bekommen, dessen zweiter Umschlag die weitere Bemerkung enthielt: „Mademoiselle Caroline wird ersucht, diesen Brief an ihren Herrn Bruder Carl abzugeben." Der Brief selbst enthielt zwar keine wichtige Aufschlüsse, sondern drückte nur die große Besorgniß der Madame Grandisson über das lange Stillschweigen ihres Mannes aus;

allein schon das mußte wichtig erscheinen, daß man aus diesem Briefe den Aufenthalt des gefährlichen Postwagendiebes erfuhr und zugleich eine Hindeutung auf seine Geschwister erhielt.

Jetzt beeilte sich der Stadtdirector Dr. Pfister, der Oberpostamts-Direction in Frankfurt mittelst Schreibens vom 4. Mai 1814 den Brief der Madame Grandisson zuzusenden, und dieselbe zu veranlassen, sich schleunigst deshalb an das Oberpolizei-Präsidium in Berlin zu wenden, damit der so gefährliche Grandisson ausgemittelt und arretirt werde.

Der Stadtdirector fuhr unterdessen in Heidelberg fort, Madame Grandisson auf's Genauste zu beobachten und, vereint mit dem Postamte, Alles anzuwenden, um, wo möglich, immer neue Aufklärungen zu erlangen.

Schon am 26. Mai erschien der Oberpost-Directionsrath J. aus Frankfurt in Heidelberg, und überbrachte ein Schreiben des Oberpolizei-Präsidiums in Berlin, durch welches dasselbe anzeigte, es sei gelungen, den so gefährlichen Postwagendieb Grandisson aus Heidelberg auszumitteln und zur gefänglichen Haft zu bringen.

Nach weiterer Mittheilung dieser Oberpolizeibehörde hatte sich die Untersuchung in Berlin zunächst gegen den in der Königsstraße wohnhaften Kaufmann Prinz gerichtet, bei welchem die unverehlichte Caroline Grosjean im Dienste war. In den aufgefundenen Papieren Grandisson's kam auch der Name Grandjean vor, womit er seinen eigentlichen Namen „Grosjean" nur entstellt hatte. Die erwähnte Grosjean räumte dem vom Oberpolizei-Präsidio abgesandten vertrauten Agenten ein, daß sie einen Bruder, Vornamens Carl, habe, und daß dieser gegenwärtig in Berlin sei. Man zeigte ihr nun den Brief ihrer Schwiegerin an ihren Bruder, in welchem sie sogleich die Hand derselben erkannte, und Caroline Grosjean war sofort bereit, den Fremden zu ihrem Bruder zu führen. Der Agent aber war allein. Darum äußerte er, er sei so eben von der Reise gekommen, und müsse dringender Geschäfte halber zuvörderst in den Gasthof zurückkehren; er logire im Gasthofe zum Kronprinzen; es würde ihm also sehr angenehm sein, wenn sie ihren Bruder Nachmittags 3 Uhr dahin bescheiden wolle.

In diese Falle ging der sonst so schlaue Grandisson. Er erschien, war aber sehr verlegen, eine andere Person vor sich zu sehen, als er vermuthet haben mochte. Der Agent überbrachte ihm Grüße von seiner Frau aus Heidelberg, und versicherte, daß die Seinigen sich wohl befänden. Darauf reichte er ihm den Brief seiner Frau, nach welchem Grandisson hastig griff, und den er nach flüchtigem Durchlesen sogleich in der Hand zusammendrückte und in die Tasche steckte.

Als nun der Agent an dem Benehmen Grandisson's deutlich merkte, daß dieser sich selbst für verrathen ansah, machte er ihm den Antrag, mit ihm an einen andern Ort zu gehen, wo er sich näher erklären könne. Grosjean ging mit, machte jedoch vor der Thür des Gasthofes deutliche Versuche, seitwärts zu entkommen. Als er indessen bemerkte, daß in diesem Augenblicke zwei andere Polizei-Beamte auf ihn zutraten, begab er sich jedes fernern Versuchs, und folgte ihnen zur Stadtvogtei. Unterwegs bemerkte man jedoch noch, daß er ein Rasirmesser aus der Brusttasche seines Oberrocks zog und es hastig in die Beinkleider schob.

Gleich nach seiner Ankunft auf der Stadtvogtei ward Grosjean streng bis auf's Hemde visitiret, und neben einer goldenen Uhr nur etwas über 10 Thlr. an Baarschaft bei ihm gefunden. Darauf wurde er in ein Criminalgefängniß geführt. Gleichzeitig legte man bei seinem Bruder, bei welchem er sich seit 8 Tagen ungemeldet aufgehalten hatte, auf seine sämmtlichen übrigen Sachen Beschlag. Diese bestanden in einer neuen Reisechaise, 2 Koffern, einem Felleisen und einem ledernen Sacke. Zu diesen Effecten gehörten außer baarem Gelde und 2 dänischen Obligationen, Gold- und Silbersachen, Kleider, Wäsche und unter andern auch neun kleine Schlüssel.

Grosjean wartete jedoch das Beginnen der Untersuchung nicht ab. Schon in der nächstfolgenden Nacht (vom 20. auf den 21. Mai) erdrosselte er sich mit seinem eigenen Taschentuche an dem Thürpfosten innerhalb seines Gefängnißzimmers, und gab dadurch den sprechendsten Beweis, daß er sich grober Verbrechen schuldig gewußt habe. Die Art, wie er den Selbstmord vollbracht hatte, zeugte von einer außerordentlichen Willensstärke.

Es kam also nun Alles darauf an, von Madame Grosjean diejenigen Geständnisse zu erlangen, welche die Sache aufklären, und die Bestohlenen zu dem Ihrigen verhelfen konnten. Nichts konnte daher wichtiger erscheinen, als daß derselben die Selbstentleibung ihres Mannes noch unbekannt bleibe; denn wenn sie erst wußte, ihr Mann sei todt und habe nichts bekannt, so konnte man von ihr schwerlich besondere Geständnisse erwarten.

Der Untersuchungsrichter machte daher noch denselben Morgen, an welchem ihm die eben erwähnten Nachrichten zugingen, Anstalt, sich der Grosjean zu versichern. Es war in der Woche vor Pfingsten, Grosjean's Tochter Mathilde sollte am folgenden Pfingstfeste confirmirt werden. Die Mutter hatte ihre Tochter in die Vorbereitung dazu begleitet, während der Sohn, Eduard, noch im Gymnasium war.

Erst gegen zwölf Uhr kamen alle drei nach Hause. Der Stadtdirector hatte den Amtsschreiber aufgefordert, ihn zu begleiten und zwei Gerichtsdiener angewiesen, ihm von fern zu folgen, um die beiden Ausgänge des Hauses, in welches er gehen werde, genau zu beobachten, und Niemanden herauspassiren zu lassen. Die beiden Grosjean'schen Kinder traf der Stadtdirector im Vorzimmer, die Mutter aber in dem angrenzenden Nebenzimmer. Er begab sich in letzteres, nachdem er den Amtsschreiber bei den Kindern zurückgelassen hatte. Madame Grandisson — so wollen wir sie hier noch einmal nennen — empfing Herr Dr. Pfister mit der sichtlichsten Verlegenheit, aber mit Anstand und Höflichkeit. Der Stadtdirector eröffnete ihr, er sei veranlaßt, mit ihrem Manne zu sprechen. Sie erwiderte, er sei seit einigen Monaten verreist, sie habe keine Nachrichten von ihm, und sei deshalb selbst besorgt.

Der Untersuchungsrichter gab hier einiges Befremden zu erkennen, und forderte die Grosjean auf, ohne Zurückhaltung anzugeben, was sie über die Veranlassung und den Zweck der Reise ihres Mannes und dessen gegenwärtigen Aufenthalt wisse. Sie beharrte jedoch bei der Versicherung, daß ihr dies Alles durchaus unbekannt sei. Jetzt rief Dr. Pfister den Amtsschreiber in's Zimmer und befragte in dessen Gegenwart sie nochmals um den Aufenthaltsort ihres Mannes. Sie blieb indessen beim Leugnen und fügte die kräftigsten Betheuerungen hinzu. Sie wurde daher für's Erste ersucht, sich mit dem Amtsschreiber in das Gerichtshaus zu begeben, und dort die nahe Hinkunft des Stadtdirectors zu erwarten. Sie legte einen Shwal um, zog Handschuhe an und befolgte jene Aufforderung mit verstellter Kaltblütigkeit, ohne gegen ihre Kinder irgend etwas zu äußern.

Nach ihrem Abgange versuchte man, von den Kindern einige Angaben über ihren Vater und dessen jetzigen Aufenthaltsort zu erhalten; allein sie versicherten unter Thränen, sie wüßten nicht das Mindeste. Die Unschuld sprach aus ihren Blicken. Sie wurden also nicht arretirt, sondern dem Dr. N, Eduard's Lehrer, übergeben, und dieser sowohl, als der Pfarrer O. mußten mittelst Handschlags versprechen, alle unter der Abdresse der Grosjean an sie etwa eingehenden Briefe dem Gerichte auszuhändigen. Die ganze Grosjean'sche Wohnung ward unter Siegel gelegt und die genaueste Inventur aller Effecten unter besonderer Bezeichnung des Orts, wo Jedes vorgefunden worden, durch zwei Beamte verfügt. Zur Vernehmung der Hausleute, bei welcher die Grosjean'sche Familie wohnte, so wie des Professors N., des Pfarrers O. und der Ihrigen beauftragte der Stadtdirector zwei andere Beamte.

Jetzt schritt der Untersuchungsrichter auf's Neue zum Verhöre der Grosjean, und da sie beim Leugnen verharrte, wurde ihr nun der Arrest angekündigt, und sie in ein festes Criminalgefängniß abgeführt. Es geschah dies in einer Chaise, um etwaigen Auflauf des Pöbels zu verhindern.

Für's Erste ließ man ihr etwas Zeit, über ihre Lage nachzudenken; aber man durfte ihr auch nicht zu lange Zeit lassen, damit sie nicht ein Gewebe von Ausflüchten und Combinationen dieser oder jener Art ersinnen könne. Noch denselben Nachmittag schritt man also zum fortgesetzten Verhöre, und fragte sie wieder, ob sie nicht wisse, wo sich ihr Mann gegenwärtig aufhalte. Sie erklärte wiederholt, sie wisse dies nicht, es möchten 8 oder 10 Wo=

chen sein, daß er von Heidelberg abgereist sei; früher sei er nie so lange ausgeblieben.

Bald rückte der Untersuchungsrichter ihr mit der Frage näher, ob sie ihrem Manne in der Zwischenzeit nicht geschrieben habe; aber sie verneinte auch diese Frage, und bemerkte, sie erwarte mit jedem Tage Briefe von ihrem Manne. Das Verhör mußte also nun eine andere Wendung nehmen. Sie ward aufgefordert, ihre und ihres Mannes nähere Verhältnisse anzugeben, — eine Aufforderung, welche sie in die auffallendste Verlegenheit versetzte. Sie verlangte, mit dem Untersuchungsrichter allein zu sprechen, um ihm ein Geheimniß anzuvertrauen. Es wurde ihr aber eröffnet, daß diese Bitte ihr nicht gewährt werden könne; sie sei nicht mehr blos in polizeilicher Nachfrage, sondern in peinlichem Verhöre, in welchem von Geheimnissen keine Rede mehr sein könne. Ihre Verlegenheit stieg; sie sammelte sich jedoch in etwas., nachdem sie ein Glas Wasser mit etwas Wein erhalten und getrunken hatte, und erklärte nun, ihr Mann heiße eigentlich nicht Grandisson, sondern Großjean. Damit stockte aber schon der Fluß ihrer Rede. Sie ward deshalb aufgefordert, ihren eigenen Namen anzugeben.

„Mein Gott, wie heiße ich doch?" — rief sie, die Stirn sich reibend, aus, und als der Stadtdirector lächelnd bemerkte, daß sei ihm noch nicht vorgekommen, daß ein vernünftiger Mensch bei guter Gesundheit seinen eigenen Namen vergessen habe, fuhr sie nach einigem Nachdenken fort: „Ich heiße Meiners, und bin aus Breslau." Nun folgten weitere Erzählungen, bei denen sie noch Unwahrheiten mit einfließen ließ, und ihre und ihres Mannes Verhältnisse noch möglichst hoch zu halten suchte. Wir werden weiter unten auf ihre Eröffnungen zurückkommen.

Der Untersuchungsrichter wiederholte hier plötzlich noch einmal die Frage, ob sie in der That nicht wisse, wo ihr Mann jetzt sei. „Nein, bei Gott nicht!" — war die Antwort. Nun folgte die weitere Frage, ob er nicht in Breslau sei. Sie erwiederte, sie könne das nicht wissen. Die Frage aber, ob ihr Mann noch Geschwister in Berlin habe, verneinte sie anfangs, gestand jedoch, da sie sah, der Untersuchungsrichter müsse alle diese Umstände schon kennen, ihr Mann habe noch einen Bruder in Berlin, und drei Schwestern, von denen die eine in Frankfurt an der Oder verheirathet sei; die beiden andern, Jette und Caroline, seien, wie sie glaube, noch in Berlin, — ob ledig oder verheirathet, — wisse sie nicht. Auf die Frage, ob sie nicht Ursache habe, zu glauben, daß ihr Mann bei seinen Geschwistern in Berlin sei, oder daß diese seinen Aufenthalt wüßten, entgegnete sie, sie glaube nicht, daß ihr Mann in Berlin sei, wohl aber könnten vielleicht seine Geschwister wissen, wo er sei.

Hier wurde das Verhör abgebrochen, um die Inquisitin bis zum folgenden Tage ihren Reflexionen zu überlassen. Noch denselben Abend erhielt der Stadtdirector die bei der Inventur der Grosjean'schen Sachen vorgefundenen Papiere und ein Säckchen mit Schlüsseln, welches sich unter der Matratze des Bettes der Grosjean gefunden hatte. Nach Angabe der Dienstmagd hatte sie ihr Bett allezeit selbst gemacht.

Vom Professor N. hatte der mit dessen Vernehmung beauftragte Beamte erfahren, daß ihm von der Grosjean ein versiegeltes Packet zur Aufbewahrung zugestellt worden sei. Dies Packet, welches dem Richter überliefert und von demselben einstweilen sorg=

fältig aufbewahrt wurde, war zwar nur klein, aber ziemlich schwer und schien Gold zu enthalten.

Im nächsten Verhöre trat die Grosjean kaltblütig vor, und setzte sich mit Anstand auf den für sie bestimmten Stuhl. Man fragte sie zunächst, warum und seit wann ihr Mann den Namen Grandisson angenommen habe. Sie erwiederte, sie wisse nicht, warum er die Narrheit gehabt habe, seinen eigentlichen Namen zu ändern; in Hamburg hätten sie noch unter dem rechten Namen ihres Mannes gewohnt; erst nach der Abreise von dort habe er den Namen Grandisson angenommen; unter diesem Namen seien sie in Rußland gewesen, und ihr Mann habe denselben überhaupt bis jetzt beibehalten, es müsse denn sein, daß er auf seinen Reisen zuweilen eines andern Namens sich bedient habe. Man fragte sie darauf, ob sie Grund habe, Letzteres zu vermuthen. „Ich weiß es nicht" — antwortete sie — „aber ich denke mir, daß er in Berlin nicht wohl unter dem Namen Grandisson sein konnte, weil er dort seine Geschwister hatte. Ich würde wirklich schon an seine ältere Schwester Caroline, welche eine brave Person ist, nach Berlin geschrieben haben, wenn ich gewußt hätte, daß ich ihr sagen dürfte, sie solle mir unter dem Namen G r a n d i s s o n schreiben."

Diese Aeußerung gab Veranlassung zu der Frage, ob sie nicht dennoch an ihre Schwiegerin Caroline geschrieben habe; allein da die Inquisitin diese Frage zu erwarten schien, und sich auf diesen Angriff gefaßt gemacht hatte, so überging man dieselbe, und forderte sie auf, in der Angabe ihrer früheren Aufenthaltsorte fortzufahren; denn diese mußte man wissen, um mit den betreffenden Behörden dieser Orte sich in Correspondenz zu setzen, und die Re=

sultate derselben bei der weitern Untersuchung gegen die Inquisitin benutzen zu können.

Indessen war es nicht möglich, mit der weitern Untersuchung so lange zu warten, da schon am 29. Mai Morgens das Postamt in Heidelberg dem Stadtdirector meldete, ein mit dem Frankfurter Postwagen in letzter Nacht angekommener Conducteur habe die Kunde von dem Selbstmorde Großjean's bereits verrathen. Es wurden zwar alle möglichen Maßregeln ergriffen, um zu verhüten, daß diese Nachricht zur Kenntniß der Großjean gelange; allein für ganz sicher konnte man sich doch nicht halten, und deshalb ward noch an demselben Tage, ungeachtet des Pfingstfestes, ein Verhör eröffnet.

Die Großjean erschien, um eine unerwartete Scene aufzuführen. Sie that nämlich einen Fußfall, und fügte die dringende Bitte hinzu, der Untersuchungsrichter möge dazu beitragen, sie aus ihrem Arreste zu befreien. Es wurde ihr dagegen zu erkennen gegeben, es hänge von ihr selbst ab, durch Aufrichtigkeit und offene Angabe ihrer wahren Verhältnisse die Untersuchung abzukürzen. Sie versprach dies, verband aber damit zugleich die heiligsten Versicherungen, daß sie nicht wisse, wo ihr Mann sei, und fragte darauf geradezu: „Wer hat mich denn arretiren lassen?"

Richter. Das habe ich selbst gethan. Wissen Sie wirklich nicht, wo ihr Mann ist?

Inquisitin. Gott, ich weiß es nicht. Der Mensch kann es nicht verantworten, daß er mich in dies Unglück bringt.

R. Ist Ihr Mann nicht in Berlin?

J. Ich weiß es nicht.

R. Haben Sie nach Berlin geschrieben?

J. Nein
R. Kennen Sie nicht einen gewissen Prinz in Berlin?
J. Ja.
R. Haben Sie nicht an diesen geschrieben?
J. Ja.

Die Grosjean erklärte sich nun bereit, den wahren Sachbestand zu eröffnen. Sie erzählte, eine Mittheilung des Professors R. von dem Gerüchte einer nahen Arretirung ihres Mannes habe sie bestimmt, ihre Briefe durch R. besorgen zu lassen. Sie theilte ferner mit, ihr Mann sei noch vor etwa 4 Wochen einmal des Nachts gekommen, und als sie ihm das obenerwähnte Gerücht bekannt gemacht, habe er sich bereit erklärt, sogleich Heidelberg wieder zu verlassen, was er jedoch erst in der folgenden Nacht gethan habe. Bei dieser seiner letzten Anwesenheit habe er ihr aufgegeben, ihm nach Berlin zu schreiben.

Jetzt erklärte ihr der Stadtdirector, man besitze ihren nach Berlin geschriebenen Brief und ihr Mann sei in Berlin nun wirklich arretirt. Dies bewirkte die nochmalige Erklärung der Grosjean, sie wolle nun aufrichtig bekennen, was sie wisse. Ihr Mann sei ein schlechter Mensch und Bösewicht, der schon früher im Zuchthause gesessen habe. Sie habe allerdings gewußt, daß er die Postwagen bestohlen habe; allein sie sei nicht mehr im Stande gewesen, eine andere Parthie zu ergreifen. Oft genug habe sie ihn ermahnt, vom Stehlen abzulassen; er habe ihr aber gesagt: „Ich stehle das Geld auf dem Postwagen; da trifft es nur die großen Herren, und diesen schadet es nichts; sie machen es auch nicht besser." Als er das letzte Mal da gewesen sei, habe sie ihn gefragt, ob er etwas begangen habe, weshalb er eine Arretirung fürchten müsse, worauf er erwidert habe: „Ja, in Frankfurt."

Uebrigens versicherte die Grosjean, sie könne die einzelnen von ihrem Manne verübten Postwagendiebstähle nicht angeben, und kenne ebenso wenig die Art und Weise, wie er diese Diebstähle auf dem Postwagen verübt habe. Gehülfen habe ihr Mann nicht gehabt, denn er habe oft zu ihr gesagt: „Ich stehle allein, da kann mich Niemand verrathen." Noch als er das letzte Mal zu Hause gewesen sei, und sie ihn gebeten habe zu fliehen, damit sie und ihre Kinder nicht in Schimpf und Schande kämen, habe er gesagt: „Wenn sie mich bekommen, bringe ich mich um; Du kömmst durch mich doch nicht in Schimpf und Schande." Sehr naiv, und von der Höhe ihrer Bildung herabsinkend, setzte sie noch hinzu: „Und nun hat der Hundsfott doch nicht Wort gehalten." Sie versicherte weiter, nicht zu wissen, wo ihr Mann die gestohlenen Gelder aufbewahrt habe, doch wollte sie von ihm gehört haben, daß er sie vergrabe. Mit der Nachricht von dem Selbstmorde ihres Mannes hielt der Untersuchungsrichter in diesem Verhöre noch zurück.

Bald darauf ward dem Stadtdirector **Dr.** Pfister von Berlin aus das Resultat der Vernehmung der Geschwister Grosjeans mitgetheilt. Caroline Grosjean hatte am 21. Mai erklärt, ihr Bruder habe sich wenig um sie bekümmert, sei überhaupt selten einmal nach Berlin gekommen, und habe sich für einen Weinhändler und Kaufmann ausgegeben, und Dijon in Frankreich seinen Wohnort genannt. Der Bruder Grosjean's, Johann Jonathan, hatte sich ausführlicher vernehmen lassen. Nach seinen Aussagen waren der Geschwister Grosjean sieben: 1. David, Kunstgärtner in Hamburg. 2. Jonathan, Victualienhändler in Berlin. 3. Carl, der bekannte Postwagendieb. 4. **Henriette.** 5. **Therese,** Ehefrau des Lohnwächters **Schreiber** in Berlin. 6. **Caroline,** im Dienste bei dem Wachslieferanten **Prinz;** und 7. **Friederike,** Ehefrau des Polizei = Sergeanten **Hiram** zu Frankfurt an der Oder. Jonathan hatte im Verhöre ferner erklärt, sein Bruder Carl, der die Friseur = Profession erlernt und sich früh von seinen Geschwistern getrennt habe, sei bei seiner letzten Ankunft nur einen Tag bei ihm zu bleiben, Willens gewesen, weshalb er ihn nicht erst bei der Polizei gemeldet habe. Die Abreise desselben habe sich aber von Tage zu Tage verzögert, und so habe er ihn 8 Tage be= halten, ohne ihn der Polizei zu melden. Uebrigens habe er nicht gesehen, daß Jemand zu seinem Bruder gekommen sei. Am 20. Mai Nachmittags 2 Uhr sei er mit demselben nach der Königs= straße gegangen, wo sich sein Bruder von ihm getrennt habe mit dem Bemerken, er müsse zu einem Fremden nach dem Gasthofe zum Kronprinzen, der ihm durch ihre Schwester Caroline eine Karte habe einhändigen lassen.

Er (Jonathan) sei unterdessen zu seiner Schwester Caroline gegangen, zu welcher noch während seiner Anwesenheit die Polizei= Beamten gekommen seien, um ihre Sachen zu visitiren. Da habe er sich sogleich nach Hause verfügt und in der Angst **darüber,** daß er seinen Bruder der Polizei nicht gemeldet, schnell dessen Effec= ten im Stalle verborgen, jedoch den bald darauf erschienenen Po= lizei = Officianten dieselben sogleich nachgewiesen, ihnen auch die Papiere seines Bruders ausgehändigt; letztern habe er seitdem nicht wiedergesehen. Was sein Bruder begangen, wisse er nicht. Wel= ches sein Wohnort sei, wisse er auch nicht. Baares Geld habe er von seinem Bruder nie erhalten, sondern nur einmal ein Paar alte Beinkleider, die kaum einen Thaler werth gewesen seien.

Bei dem nächstfolgenden Verhöre, welches am 4. Junius Statt fand, überreichte die Grosjean dem Untersuchungsrichter schriftlich ihre Selbstbiographie, die wir nebst einigen in den weiteren Verhören hinzugekommenen Ergänzungen ihrem Hauptinhalte nach hier folgen lassen:

„Meine Vaterstadt ist Breslau. Mein Vater hieß Meiners und war Regimentssporer daselbst. Wir waren unser sechs Geschwister. Ich hatte zwei Stiefbrüder, von denen der älteste in Meißen, dem Geburtsorte meiner Mutter, geblieben war. Ich war das jüngste von allen Kindern. Mein Vater war mir früh gestorben, und mein Stiefbruder übernahm sein Geschäft mit einem bewundernswürdigen Fleiße und vieler Treue. Er war es, der durch sein unermüdetes Bestreben es dahin brachte, daß wir alle eine sehr gute Erziehung genossen, da mein Vater uns nicht mehr, als 1000 Thlr. an baarem Gelde hinterließ. Aber alle diese guten Eigenschaften meines Bruders, die ich soeben erwähnt habe, wurden durch sein mürrisches Wesen verdunkelt. Er ließ mich und meine Geschwister täglich hören, daß wir ohne ihn nichts wären, und daß Alles, was wir wüßten und könnten, sein Werk sei. Meine Schwester, welche 6 Jahre älter war, als ich, und mich niemals liebte, versäumte keine Gelegenheit, ihre üble Laune, da sie sich an dem Bruder nicht rächen konnte, an mir auszulassen. Ich mochte ungefähr 16 Jahre alt sein, als ich die Bekanntschaft meines Mannes machte. Er war gebürtig aus Berlin *), wo seine El-

---

*) Eigentlich war er gebürtig aus Weilburg; doch waren seine Eltern von da nach Berlin gezogen.

tern eine Wollspinnerei betrieben, und befand sich damals im Dienste des Generals von Dolfs als Tafeldecker. Ich mochte ohngefähr ein Jahr diese Bekanntschaft wider den Willen meiner Mutter und meines Stiefbruders fortgesetzt haben, als ich mich Mutter fühlte und die Meinigen sich genöthigt sahen, ihre Einwilligung zu meiner Verheirathung zu geben. Ich liebte meinen Mann, und lebte einige Monate sehr glücklich, als mit einem Male meine Glückseligkeit schrecklich gestört wurde. Eines Tages, da mein Mann mit seinem Herrn auf einige Tage zur Revue der Truppen ins Lager verreis't war, vernahm ich von des Kammerdieners Frau, welche mich besuchte, zu meinem Schrecken, daß dem General mehrere Tausend Thaler entwendet worden seien. Ich war untröstlich und meine Ahnung wurde erfüllt. Bei der Zurückkunft des Generals wurde der Kammerdiener mit seiner Frau arretirt, und einige Tage darauf auch mein Mann. Nein, ich kann nicht beschreiben, in welche Verzweiflung es mich stürzte, meinen Mann, den ich so innig liebte, im Kerker zu wissen. Aber meine Verzweiflung sollte auf einen noch höhern Grad gebracht werden, als ich nach Verlauf einiger Tage selbst ins Verhör berufen wurde. Zitternd, kaum daß meine Füße mich tragen konnten, erschien ich. Nach einigen Fragen, welche ich bebend beantwortete, fragte man mich, ob ich wüßte, daß mein Mann schon einmal wegen eines ähnlichen Vergehens im Zuchthause gesessen habe? O, das war für mich Arme zu viel! Ich sank ohnmächtig von meinem Sessel, und fand bei meinem Erwachen den Richter nebst einigen Personen um mich versammelt, um mich zu trösten. Meine Mutter, welche die Arretirung meines Mannes aufs Krankenlager geworfen hatte, weinte mit mir; mein hartherziger Bruder überhäufte mich mit Vorwür=

fen, diesen Menschen genommen zu haben; — ach! und in den Blicken meiner Schwester sah ich Schadenfreude.

Einige Tage nach diesem Vorfalle wurde ich zum General gerufen. Er empfing mich gütig, und schlug mir die Trennung von meinem Mann vor. Er versprach mir, für mich und mein Kind zu sorgen. Ich bat mir Bedenkzeit aus, um es mit meiner Mutter zu überlegen. Auf das Zureden meiner Mutter war ich schon halb geneigt, es zu thun, als eines Tages ein Prediger, welchen mein Mann in sein Gefängniß hatte rufen lassen, in mein Zimmer trat. Er erinnerte mich daran, wie Unrecht ich hätte, mich von meinem Manne trennen zu wollen, da man ihm nichts beweisen könne; das Weib müsse bei dem Manne aushalten bis in den Tod. Er führte mich in sein Gefängniß; ich sah seine Leiden, seinen Jammer, und versprach Alles zu thun, um sein Loos zu verbessern. Ich hielt redlich mein Wort; ich bat, ich flehte für ihn; ich ging zu dem Minister von Dankelmann, von Heim, ja zu Allen von denen ich hoffte, sie könnten ihm dienen, und ich verbesserte seine Lage um ein Merkliches. Es wurde mir erlaubt, ihn täglich zu besuchen, und nach meiner Niederkunft (ich war damals schwanger) entschloß ich mich, sein Gefängniß mit ihm zu theilen. O, er war glücklicher, als ich! Er hatte ein treues Weib, welches sich seiner annahm; ich habe Niemanden. Selbst, wie es scheint, meine Kinder kümmern sich nicht um Diejenige, welche Alles für sie aufopferte.

So lebte ich einige Zeit fort, bis der ersehnte Augenblick der Befreiung meines Mannes kam. Ich eilte mit ihm zu meiner Mutter, und es schien, als wenn sie nur seine Befreiung abgewartet hätte. Der Gram hatte ihr das Herz gebrochen; sie starb einige Tage darauf. Vor ihrem Ende mußte ich ihr versprechen, mit meinem Manne nicht aus meiner Vaterstadt zu gehen; ich versprach es, aber ich hielt nicht Wort. Ich reiste mit meinem Manne zu seinen Eltern nach Berlin, wo mein Mann das Geschäft seines Vaters zu treiben begann. Ich übergehe hier diesen Zeitraum von 5 bis 6 Jahren, in denen sich nichts Wichtigeres ereignete. Wir lebten ruhig, sogar glücklich. Mein Mann war fleißig; ich trug das Meinige dazu bei. Da meines Mannes Bruder ihm anlag, bei ihm in Hamburg zu wohnen, begleitete ich ihn mit unsern zwei Kindern um so lieber dahin, je mehr ich der Unannehmlichkeiten müde war, welche mir meines Mannes Verwandte in Berlin zufügten. Mein Mann hatte mir eine Wohnung auf dem Kehrwieder bei einem Zuckersieder, jedoch nur auf ein Vierteljahr, gemiethet. Hier wohnte ich kaum einige Wochen, als meine Kinder erkrankten. War es der Dampf von der Zuckersiederei, welcher so oft durch meine Fenster drang, oder war es die Luft in Hamburg, welche sie nicht ertragen konnten, — genug, sie starben mir binnen 7 Wochen dahin. Dies beugte mich so tief, daß ich einige Tage nach ihrem Tode von einem heftigen Fieber ergriffen wurde. Man brachte mich krank in die neue Wohnung; ich phantasirte bald furchtbar, die Vergangenheit trat in schreckenden Bildern vor meine Seele, bald meine Kinder, bald meine Mutter, bald mein Mann im Gefängnisse. Erst nach mehreren Wochen erholte ich mich von dieser schweren Krankheit.

Jetzt schlug mein Mann mir vor, Hamburg zu verlassen und Kopenhagen zum Wohnorte zu wählen. Ich verließ willig diesen Ort des Schreckens, verkaufte meine Meubeln und nahm bloß meine Betten, Wäsche, Kleider und mein Silberzeug mit mir.

In Kiel schifften wir uns ein, und kamen in einigen Tagen glücklich in Kopenhagen an. Hier hoffte ich mich zu erholen von allen den Mühseligkeiten, welche ich in Hamburg ertragen hatte. Mein Mann miethete mir in einer angenehmen Straße eine kleine, aber hübsche Wohnung bei dem Hofuhrmacher Gernsen. Hier wohnte ich ganz ruhig; wir gingen Mittags aus, um bei einem deutschen Speisewirth zu speisen. Dieser war Koch bei einem Grafen, der jedes Jahr sein etwa 15 Stunden von Kopenhagen liegendes Landgut besuchte. Endlich fiel es meinem Mann ein, Geschäfte halber, nach Hamburg zu reisen, wo er nur etwa einen Monat zu bleiben versprach. Der Mann, bei welchem wir Mittags speisten, erbot sich, bis zur Rückkehr meines Mannes mich in Kost zu nehmen, und lud mich zugleich ein, in Gesellschaft seiner Frau mit auf das erwähnte Landgut des Grafen zu reisen, wo er ein kleines Häuschen hatte. Da ich nicht länger, als höchstens vier Wochen bei diesen Leuten zuzubringen gedachte, so nahm ich nur ein Bett und einen Koffer mit Kleidungsstücken mit. Meine übrigen Koffer wurden einem Freunde meines neuen Wirths übergeben. Mein Mann hatte alles Geld mitgenommen, und mir nur einen einzigen Thaler zurückgelassen, weil, wie er meinte, ich auf dem Lande nichts nöthig hätte. Den Tag darauf reiste ich mit meinen Wirthsleuten ab, nachdem ich meinem Mann noch vor seiner Abreise entdeckt hatte, daß ich schwanger sei. Ich lebte die ersten vier Wochen ruhig; bald aber beunruhigte mich das Ausbleiben meines Mannes, von dem nicht einmal Briefe ankamen. Mein Unglück ward noch größer, als mein Wirth seinen Abschied erhielt, und nun mich nicht länger bei sich behalten konnte. So sah ich mich denn gänzlich verlassen, ohne Obdach, ohne Geld, selbst ohne so viel

Baarschaft, um nach Kopenhagen zurückreisen zu können, und dort einen Theil meiner Effecten zu verkaufen. Doch mein Wirth schaffte Rath, und streckte mir das Nöthige vor. So reiste ich denn mit der fahrenden Post ab, und lernte zu meinem Glücke unterwegs einen Deutschen kennen, der sich erbot nach Ankunft in Kopenhagen mich zu meiner ersten Wirthin zu begleiten. Bei unserer Ankunft war es Mitternacht; alle Gasthöfe waren besetzt, und ich fand nur noch bei dem Herrn ein Unterkommen, bei welchem meine Koffer in Verwahrung gegeben waren. Des andern Morgens ging ich zu meiner ersten Wirthin, welche sogleich bereit war, mich wieder aufzunehmen. Sie erbot sich, wie das erste Mal mir das Nothwendigste durch ihre Leute holen zu lassen; allein meine Casse war ja in sehr schlechtem Zustande. Ich durfte mich aber nicht entdecken; ich lehnte Alles ab, und ging um die Essenszeit aus, um im Schloßgarten mich satt — zu weinen. Allein es ward mir bald unmöglich, auf diese Art länger zu leben. Ich entdeckte mich also einer Dame, die im nämlichen Hause mit mir wohnte. Ich gab alle die Sachen, die ich entbehren konnte hin, und erhielt so viel, daß ich meine Niederkunft ruhig abwarten konnte. Durch die erwähnte Dame machte ich die Bekanntschaft einer Doctorswittwe, welche mich überredete, in ihr Haus zu ziehen. Noch ehe ich auszog, lernte ich meine bisherige Wirthin besser kennen: ich entdeckte ihr meine Lage, und sie bedauerte sehr, daß ich dies nicht früher gethan hätte. Ich zog bei der Doctorswittwe ein, die sich sehr artig bewies, da ich Zeit hatte, ihr viele Dienstleistungen zu erzeigen. Ich kam mit meinem Töchterchen, einem wahren Engelsbilde, in einem Spital nieder, wo ich mir auf 14 Tage ein kleines Zimmer gemiethet hatte. Der Kummer, der mich beugte, verursachte, daß ich, statt mich vom Tage zu Tage zu erholen, von Neuem krank wurde. Dennoch verließ ich, nach Ablauf der 14 Tage, das Spital, nachdem ich mein Kind hatte taufen lassen. Ich begab mich in meine Wohnung, wo ich statt der gehofften Pflege alle Tage Verdruß erlebte, da meine Wirthin nicht mehr auf meine Dienstleistungen rechnen konnte. Mein Kind schrie unaufhörlich, da ich krank war und es nicht gehörig pflegen konnte. Ueber jeden Dienst, welchen mir die gute Tochter der Wirthin erzeigte, mußte diese von ihrer Mutter die schrecklichsten Vorwürfe anhören. Alles dies verschlimmerte meinen Gesundheitszustand von Tage zu Tage. Der herbeigerufene Arzt war so menschenfreundlich, für mich zu sorgen. Er wandte sich an meine erste Wirthin, und diese kam bald nebst ihrer Tochter in einem Wagen an, um mich abzuholen. Sie räumte mir, da meine frühere Wohnung vermiethet war, eines ihrer eigenen Zimmer ein. Unter der Pflege dieser guten Menschen genas ich bald wieder.

Da erschien ganz unvermuthet mein Mann, zwar keine in die Augen fallende Herrlichkeiten von der Reise mitbringend, aber doch, wie ich bald bemerkte, sehr reichlich mit Gelde versehen. Er versprach mir, mich alle ausgestandenen Mühseligkeiten vergessen zu machen, und so vereinigte ich mich wieder mit ihm, wozu auch meine treffliche Wirthin mich beredete.

Wir verließen Kopenhagen, und schifften uns nach Petersburg ein. Diese Reise ging langsam von Statten. An einer kleinen Insel, Christian=See genannt, mußten wir widriger Winde halber landen. Erst nach einigen Wochen gingen wir bei günstigem Winde wieder zur See. In Ballesport, einem kleinen Hafen, mußten wir zum zweiten Male landen, weil uns das Eis an der

Weiterfahrt hinderte. Von hier aus reisten wir zu Lande nach Reval, wo wir uns einige Monate in einem Privathause einlogirten. Von Reval aus gingen wir nach Petersburg, blieben aber dort nicht länger, als einige Monate, da das Vorhaben meines Mannes, in Petersburg eine Fabrik anzulegen, nicht gelang.

Wir reisten zu Schiffe wieder ab, und unsere Reise ging zuvörderst nach Emden und von da nach dem Haag; von dort aus einige Monate darauf, nach Amsterdam. Hier mußte ich mit meinem Kinde fünf Monate allein zubringen; denn in Amsterdam war es gerade, wo mein Mann den Anfang mit seinen Reisen machte, und mich auf längere Zeit verließ.

Von Amsterdam zogen wir nach Bayreuth, wo mich mein Mann bei einem Herrn Böhm, einer Rathsperson, einmiethete. Ich kam hier mit einer zweiten Tochter nieder. Hier war es auch, wo mein Mann jenen brillanten Wagen machen ließ, womit ich gar nicht zufrieden war. Er verließ mich auch hier auf längere Zeit, und nach seiner Rückkehr reis'ten wir schleunigst von Bayreuth ab. Zunächst brachte mich mein Mann nach Lindau am Bodensee, wo ich in einem Gasthofe wohnte. Wir blieben aber nicht lange an diesem Orte, sondern reis'ten nach N., wo ich mein Kind taufen ließ. Von N. zogen wir hieher, wie es Ihnen bekannt ist, Herr Director. Von hier gingen wir damals nach Straßburg, wo ich das Französische erlernte. Man sagte mir aber, es sei unmöglich, diese Sprache an einem Orte, wo alles Deutsch spreche, gründlich zu erlernen. Wir reis'ten daher mit unserm noch lebenden Kinde — eins war in Heidelberg wieder gestorben — nach Nancy, wo ich drei Jahre wohnte und noch zwei Kinder, meinen Sohn Eduard und eine Tochter, bekam, welche letztere jedoch in Nancy wieder starb. Von da zogen wir nach Dijon, wo ich zuletzt im Hause des Herrn B. wohnte.

Hier trennte ich mich auf einige Jahre von meinem Manne wegen seines groben Betragens gegen mich. Er mußte mir die Hälfte von Allem, was da war, abtreten, und ich verließ mit meiner Tochter sein Haus. Auch er verließ Dijon, und ging mit meinem Sohne Eduard nach Berlin. Einige Zeit lebte ich noch in Dijon, dann wohnte ich ein Jahr in Auronne bei einem Marine-Officier.

Wie ich an allen diesen Orten lebte, still, ruhig und arbeitsam, und wie es mein einziges Bestreben war, mir einige Talente zu erwerben, um meiner Tochter eine gute Erziehung geben zu können, daß wir unabhängig leben möchten — ist Gott bekannt. Oefter erhielt ich Briefe von meinem Mann. Auch war er selbst noch einmal in Dijon, um mich zu bereden, mit ihm zu gehen; allein ich ging nicht mit. Die vielen Briefe, voll der schönsten Versprechungen, welche ich nach und nach von meinem Manne erhielt, besonders aber die unendliche Sehnsucht, meinen Sohn wieder zu besitzen, bestimmten mich noch einmal, mich mit meinem Manne zu vereinigen. Er holte mich ab, und wir reisten nach Rastadt, wo wir wegen einer Zahnkrankheit meines Mannes einige Zeit verweilen mußten. Von da gingen wir nach Berlin, um unsern Eduard abzuholen. Der kalten Witterung wegen hielten wir uns dort einige Monate bei meines Mannes Schwager auf, und reis'ten dann hieher, um zum zweiten Male hier unsern Wohnsitz zu nehmen.

Im Angesichte Gottes betheure ich, daß ich nie an einem Verbrechen Theil genommen, und mich keines schuldig gemacht habe.

Ich bin unglücklich aber nicht schlecht. Ich habe einzig für meine Kinder gelebt, um sie zu rechtschaffenen Menschen zu bilden. Ich hatte mich von der ganzen Welt zurückgezogen; ich gehörte nicht unter sie; ich war unglücklich, ohne es sagen zu dürfen.

Zu dieser Selbstbiographie fügte die Grosjean noch die flehentliche Bitte um Befreiung aus ihrem Schreckensaufenthalte, um Wiedervereinigung mit ihren Kindern und um einige Beschäftigung, da sie nicht gewohnt sei, müssig zu gehen. Sie erhielt später wirklich ein besseres Zimmer, so wie es ihr auch gestattet wurde, sich mit ihren Kindern zu beschäftigen. Nach anfänglichem Leugnen bekannte sie endlich auch, dem Professor N. noch 2500 Fl. nebst einigen andern werthvollen Sachen zur Verwahrung übergeben zu haben.

Am 6. Juni kam die Grosjean wieder ins Verhör, und ward unter Anderm befragt, warum sie in Dijon sich von ihrem Manne getrennt habe. Sie bekannte, ihr Mann sei dort auf den Herrn B. eifersüchtig geworden, habe sie deshalb grob behandelt und öfter ohne Geld gelassen. In diesen Fällen habe ihr Herr B. immer ausgeholfen. Nach der Trennung von ihrem Manne habe sie bei diesem Herrn B. gewohnt, und sie gestehe auch, daß ihr derselbe Hoffnung gemacht habe, sich von seiner Frau scheiden zu lassen, und sie zu ehelichen; sie habe aber wohl gewußt, daß dies nicht angehe, weil er katholisch sei. Um also allen übeln Folgen vorzubeugen, habe sie sich mit ihrem Manne wieder vereinigt.

Die Vernehmung verschiedener Personen in Heidelberg, welche mit der Grosjean'schen Familie in Verbindung gestanden hatten, erweckte noch den stärksten Verdacht gegen Grosjean wegen einer dem Apotheker H. abhanden gekommenen goldenen Repetiruhr mit goldener

Kette, so wie wegen vieler an dem Hausmagazine des Herrn M., des zweiten Hauswirth's Grosjean's, verübter, sehr bedeutender Diebstähle. Es ergab sich ferner nach den auf die erlassenen Requisitionsschreiben erfolgenden Antworten, daß Grosjean in Rastadt Apothekerwaaren, Porzellan und Weißzeug verkauft, 1807 auf dem Postwagen von Frankfurt nach Neuwied höchst wahrscheinlich 1155 fl. 8 Xr., 1812 zu Berka die noch bedeutendere Summe von 2505 fl. 38 Xr. aus der Postwagentasche und 1814 sogar 4947 fl. 30 Xr. auf dem Postwagen von Frankfurt nach Eisenach gestohlen, in Bayreuth den Namen Grandis geführt, daselbst auch zum Silberbeschlage eines neuen Wagens silberne Kannen, Gabeln, Messer, Löffel und Salzfässer gegeben, und endlich in Frankfurt am Main, dem Kaufmann K. allerlei Waaren aus dem Laden im Werthe von mindestens 350 fl. entwendet habe, so daß es nicht zu verwundern war, daß die Haushaltung der Grosjean'schen Familie zu 4508 fl. und 7 Xr. geschätzt werden konnte, wobei das Depositum beim Professor N. und die Effecten in Berlin noch nicht mitgerechnet waren.

Nach weitern bis zum 4. Julius 1814 eingelaufenen Nachrichten begann am 5. Julius ein abermaliges Verhör der Grosjean, in welchem sie noch über verschiedenes Einzelne befragt wurde. Sie wollte namentlich nicht zugeben, daß sie in Bayreuth den Namen Grandis geführt hätten, leugnete auch, zu wissen, wo ihr Mann das angegebene Silbergeräth und verkaufte Weißzeug u. s. w. gestohlen habe. Dasselbe betheuerte sie auch in einem weitern Verhöre am 6. Julius, in welchem sie wenigstens zugab, daß ihr Mann dem Apotheker G. die goldene Uhr gestohlen haben möge. In demselben Verhöre gab sie auch Auskunft über die Erwerbung der auffallendsten Stücke des Inventarii, wobei sie jedoch immer noch hie und da von der Wahrheit abzuweichen schien. An dem Hausdiebstahle bei dem Hauswirth M. wollte sie keinen Antheil gehabt haben.

Mittlerweile ging von Breslau die Nachricht ein, Grosjean habe schon früher, als er noch Perückenmacher gewesen, in Berlin bei dem englischen Gesandten einen bedeutenden Gelddiebstahl verübt, und in Hamburg seinem Herrn, einem Kaufmanne, Effecten im Werthe von 3000 Thlr. gestohlen, weshalb er mit Steckbriefen verfolgt worden sei.

Später erfolgten auch die Acten über den beim Generale von Dolfs verübten Diebstahl, aus welchen es sich herausstellte, daß Grosjean, der größten Wahrscheinlichkeit nach, diesen Diebstahl verübt habe, ohne jedoch überführt worden zu sein. Aus Darmstadt meldete man, Grosjean habe dort unter dem Namen Grandisson zu verschiedenen Malen Taback, Saffran, Galläpfel und Kaffee verkauft, und es ergab sich bald, daß diese Gegenstände seinem letzten Hauswirthe, Herrn M., entwendet worden waren.

Unter Grosjean's in Berlin weggenommenen Papieren fand man mehrere Briefcouverts mit der Adresse: „An Madame Grandisson in Heidelberg." Sie waren augenfällig zu Geldsendungen an sie im Voraus eingerichtet; denn verschiedene Geldsummen waren darauf notirt, als: mit 120 fl., zwei mit 500 fl., eins mit 800 fl. und ein letztes mit 820 fl. Aber alle diese Adressen waren v o n i h r e r e i g e n e n H a n d geschrieben. Ihre Antwort, daß sie diese Couverts im Voraus für ihren Mann geschrieben habe, weil er eine sehr schlechte Hand schrieb, konnte man gelten lassen;

aber dann mußte sie ja den Zweck seiner Reise im Voraus kennen, ja, sogar hoffen, daß er unterwegs Gelegenheit zu fetten Diebstählen finden werde, um ihr diese bedeutenden Geldsendungen machen zu können. Hierauf hatte sie keine andere Antwort, als daß es doch möglich gewesen sei, daß ihr Mann noch anderswo Geld ausstehen gehabt habe.

Im August 1814 hielt es der Untersuchungsrichter endlich für angemessen, die Grosjean mit dem erfolgten Tode ihres Mannes bekannt zu machen. Das Verhör am 9. des genannten Monats begann mit einigen einleitenden Vorfragen, und ging dann auf die Abholung des Koffers von Kopenhagen über, bei welcher, eingegangenen Nachrichten zufolge, die Grosjean in Kopenhagen selbst erzählt hatte, ihr Mann sei seit langer Zeit abwesend, sie glaube er sei im Kriege umgekommen. Die Wittwe Grosjean bekannte sogleich auf die erste, leiseste Andeutung, diese Abholung ihres Koffers, und erzählte dabei, ihr Mann sei, während sie den Koffer abgeholt habe, in Helsinghör geblieben, und habe ihr, weil er den Leuten in Kopenhagen so vielen Dank schuldig gewesen, anbefohlen, dort zu sagen, er sei todt, er sei im Kriege geblieben; diese Weisung habe sie denn auch befolgt.

Diese Gelegenheit wurde nun ergriffen, ihr den wirklichen Tod ihres Mannes nicht nur anzuzeigen, sondern auch, um allen Zweifel daran zu benehmen, ihr das Schreiben von Berlin vorzulegen, welches die Nachricht von seinem Selbstmorde enthielt.

Sie wurde dadurch tief erschüttert, brach in lautes Weinen aus, versicherte aber, nachdem sie sich in etwas erholt hatte, sie könne von ihrem geschiedenen Manne durchaus nichts Weiteres angeben. Es wurden nun alle einzelnen Fälle, besonders die Ge=

schichte des ersten Aufenthalts in Heidelberg, des Diebstahls beim General von Dolfs u. s. w. mit ihr durchgegangen; allein sie blieb überall bei ihren früheren Angaben, und war zu keinem nähern Geständnisse zu bringen. Jetzt wurde das beim Professor N. deponirt gewesene Paquet eröffnet, dessen Hauptinhalt wir bereits erwähnt haben. Es fanden sich darin 102 Doppellouisd'or, 6 einfache, 1 Kremnitzer Doppelducaten, 44 Fünfthalerstücke, 2 Tabatieren von gutem Golde, eine Decoration der französischen Ehrenlegion, ein in Gold gefaßtes Frauenzimmer-Portrait, ein goldenes Schaustück, 10 Ducaten schwer und ein kleineres goldenes Schaustück, 5 Ducaten schwer.

Behuf Versteigerung der Grosjean'schen Sachen mußte eine öffentliche Bekanntmachung geschehen, mit welcher die Aufforderung verbunden wurde, Jeder, welcher Ansprüche an diese besonders verzeichneten Effecten zu haben glaube, solle solche in bestimmter Frist geltend machen.

Es erfolgten hierauf noch einige Anzeigen geschehener Diebereien, die jedoch gegen Grosjean's nicht begründet waren. So war z. B. der Banquier Oppenheimer in Frankfurt 1807 von einer Französin Namens Sanson um 1000 Stück Louisd'ors geprellt worden, und auf dem Postbureau zu Heilbron waren in demselben Jahre 1200 fl. gestohlen worden. Aber das Signalement der Sanson paßte nicht auf die Grosjean und ein Aufenthalt Grosjean's zu Heilbron, der gerade zur Zeit der Entwendung jener Summe Statt gehabt, konnte nicht nachgewiesen werden.

Aus dem Verkaufe des Grosjean'schen Nachlasses war indessen mit Ausnahme der als entwendet verdächtigen Gegenstände, so wie der nothwendigsten Kleidungsstücke der Wittwe und der den Kinbern gehörigen Sachen die Summe von 3609 Fl. 51 Kr. gelöst worden. Setzte man diesem Betrage die Summe der vorhandenen Baarschaft mit 2839 Fl. 13 Kr. bei, so betrug die Masse 6449 Fl. 4 Kr. und konnte, wenn die von Berlin zu erwartenden Sachen hinzugerechnet wurden, höchstens auf 7000 Fl. steigen. Wenn daher die sämmtlichen von 1800 bis 1814 vorgefallenen Postwagendiebstähle, als von Grosjean verübt, erwiesen und ersetzt werden sollten, so reichte die Masse nicht hin. Der Concurs ward also vom Untersuchungsrichter beschlossen.

Allein die weitere Fortführung der Sache war fürs Erste dem so umsichtigen, eifrigst in dieser Angelegenheit thätigen Stadtdirector Dr. Pfister nicht vergönnt. Er erhielt den Ruf als Stadtdirector in Freiburg, und mußte schon am 24. September 1814 nach diesem seinem Bestimmungsorte abgehen.

Der neue Untersuchungsrichter empfing noch verschiedene Nachrichten auf die in öffentlichen Blättern erlassene Aufforderung in Betreff des Grosjeanschen Nachlasses. So meldeten z. B. ein Baron von W. und A., er habe die Vermuthung, ein gewisser Basor de Lucca, ebenfalls ein großer Betrüger, sei Grandissons Mitschuldiger gewesen; denn er habe viel von einem Grandisson aus Amsterdam erzählt und ihn einen reichen Mann und seinen Freund genannt. Aus Wien schrieb Johann Carl von W., er habe 1809 eine Reise mit Carl Grandisson von Frankfurt am Main nach Berlin gemacht, und sei unterwegs all seines baaren Geldes beraubt worden, welches in 32 Louisd'or und 3 doppelten holl. Ducaten bestanden habe. Die Grosjean wollte jedoch weder von diesem Diebstahle, noch von dem besonders bezeichneten Gelde etwas wissen.

Daß die beiden goldenen Schaustücke, deren wir oben erwähnt haben, vom Oberförster Z. in N. gekauft waren, wie die Wittwe Grosjean bei einem der letzten Verhöre angegeben hatte, erfuhr man von dem Landgerichte zu N., welches darüber eine Untersuchung angestellt hatte.

Eben so erkannten die verschiedenen Conducteure in dem ihnen vorgelegten, im Nachlasse vorgefundenen Miniatur-Gemälde des Grandisson die verschiedenen Passagiere Rose, Walter und Griesbach, auf welche der schwere Verdacht verübter Postwagendiebstähle gefallen war.

Am 20. October 1814 kamen endlich die Grosjeanschen Sachen von Berlin an, und die darunter befindlich gewesene goldene Uhr wurde für die des Apothekers H. sowohl von seinen Leuten als von ihm selbst anerkannt. Die Grosjean leugnete fortwährend jede Mitwissenschaft an diesem Diebstahle. Neue Verhöre ergaben auch in anderer Hinsicht keine besondern Resultate.

Bis zum 8. December 1814 gingen ferner die Nachrichten aus Nancy, Dijon und Auronne ein, welche nur den Beweis lieferten, daß es Grosjean auch in Frankreich, so wie in Deutschland gelungen war, sich überall als rechtlicher Mann geltend zu machen. Doch ergab das eine französische Schreiben, daß die Wittwe Grosjean zu Dijon keinesweges in dem Geruche jener Heiligkeit gestanden habe, mit deren Glorie sie während ihres letzten Aufenthalts in Heidelberg sich zu umgeben gewußt hatte, und daß man also wohl vermuthen könne, ihr früheres Verhältniß zu dem verliebten Pfarr-Vicare Z. sei eben kein rein platonisches gewesen.

Als nach mehrern andern Verhören in einem am 17ten April

1815 mit der Wittwe Grosjean abgehaltenen Verhöre sie besonders beschuldigt wurde, dazu mitgewirkt zu haben, daß ihr Mann den Händen der Obrigkeit entzogen würde, erklärte sie offen, sie würde ihren Mann allerdings gern gerettet haben, und glaube nicht, daß es ein Gesetz gebe, welches von einer Frau fordere, sie solle ihren Ehemann in die Hände der Obrigkeit liefern.

Am 20sten August 1815 kehrte der indessen zurückberufene Stadtdirector Doctor Pfister von Freiburg nach Heidelberg zurück, und führte die Untersuchung weiter fort. Er hielt am 25. August 1815 das letzte Verhör mit der Wittwe Grosjean, welches jedoch keine neue Ergebnisse lieferte.

Die also geschlossenen Verhandlungen, die an Gründlichkeit nichts zu wünschen übrig ließen, wurden nun dem Obergerichte zur Entscheidung vorgelegt, und diese erfolgte bereits am 25. September 1815. Durch das Großherzoglich Baden'sche Hofgericht ward die Johanne Rosine Grosjean, geb. Meiners, aus Breslau, zu einer 2jährigen in Bruchsal zu erstehenden Zuchthausstrafe und zur Zahlung der Untersuchungskosten, so wie nach ausgestandener Strafe zur Meidung sämmtlicher Großherzogl. Badenscher Lande verurtheilt, weil sie der Mitwissenschaft und Theilnahme an den von ihrem Ehemanne begangenen Diebstählen für schuldig zu erklären sei. Dieses Urtheil ward schon am 30. Sept. 1815 der Inquisitin verkündet, und sie noch an demselben Tage ins Zuchthaus abgeführt.

Jetzt blieben noch die Verhandlungen wegen Vertheilung der Masse und wegen Versorgung der Grosjean'schen Kinder übrig. Von dem spätern Untersuchungsrichter war das schon eingeleitete Concursverfahren umgangen worden. Der Stadtdirector Pfister nahm dasselbe wieder auf, und erließ die Vorladungen an die bekannten Gläubiger, wie er denn auch die Präclusion gegen diejenigen erkannte, welche in der ihnen gesetzten Frist sich nicht gemeldet hatten.

Ein Gemälde mit Glas, von welchem man noch während der Auction die Vermuthung gewann, es könnte dasselbe sein, nach welchem von Gotha aus gefragt worden war, schickte Doctor Pfister nach Gotha, und der regierende Herzog von Sachsen-Gotha und Altenburg erkannte es wirklich für das vor einigen Jahren ihm entkommene und von der Post mit 10 Stück Ducaten ersetzte Gemälde. Die genannte Ersatzsumme remittirte der Herzog der General-Post-Direction in Frankfurt, und dem Stadtdirector Pfister ließ er in dem betreffenden Schreiben den verbindlichsten Dank für die eben so sorgsame, als gefällige Wahrung seines Interesses abstatten.

Am 6. November 1815 fand der zur Eröffnung des Concursverfahrens bestimmte Termin Statt. Der von der General-Post-Direction in Frankfurt gestellte Specialbevollmächtigte nahm hier in ausführlicher Auseinandersetzung das Interesse seiner Prinzipalschaft wahr, und machte anfangs eine Forderung von 8629 Fl. 13½ Kr. Der Hauswirth Grosjeans, Handelsmann M., stellte folgende Forderung: 1) für Hausmiethe, Herstellung des Quartiers, Verpflegung der gemeinschuldnerischen Magd, Handreichung bei der Inventur und Versteigerung 163 Fl. 2) Für Sachen, die ihm aus seinem Magazine gestohlen worden, mindestens 1100 Fl.

Der sehr umsichtige Untersuchungsrichter machte hierauf den Vorschlag zu einem Gesammtvergleiche, welcher von allen Interessen-

ten angenommen wurde und hauptsächlich Folgendes umfaßte:
1. Die für liquid zugestandenen Forderungen werden aus der Masse bezahlt; 2. Handelsmann M. empfängt im Ganzen noch 500 fl.
3. Hochfürstliche General-Postdirection erhält die ganze übrige Masse, und gestattet es, daß für jedes der Grosjean'schen Kinder 150 fl. angelegt und bis zum Bedürfnißfalle oder zur Volljährigkeit verwaltet werden.

Die Grosjean'schen Kinder, Gymnasiast Eduard Grosjean und Mathilde Grosjean, über deren Fleiß und gutes Betragen überall die befriedigendsten Zeugnisse beigebracht wurden, hatte früher der Oheim derselben, Victualienhändler Grosjean in Berlin, zu sich zu nehmen versprochen. Von diesem Anerbieten war bis jetzt noch kein Gebrauch gemacht worden, und ihre Erhaltung war bisher aus der Masse bestritten worden. Dem edlen Stadtdirector Pfister gelang es, der Tochter Mathilde eine angemessene, ihr selbst erwünschte Versorgung zu verschaffen, und nur der Sohn sollte jetzt nach Berlin geschickt werden, wozu ihm die General-Postdirection auf den Hochfürstlichen Taris'schen Posten freie Fahrt bewilligte. Es kam indessen noch dazu, da es dem Stadtdirector gelang, ein anderweites gutes Unterkommen für den hoffnungsvollen Eduard Grosjean zu finden. Ein hochherziger deutscher Prinz übernahm die Sorge für die Unterhaltung und Erziehung des talentvollen Jünglings.

Hier gehen unsere Nachrichten über Carl Grandisson und dessen Familie zu Ende, und wir vermögen es nicht, die so nahe liegenden Fragen zu beantworten: „Wer war der hochherzige Prinz, der sich des jungen Grosjean annahm? Was ist aus beiden Kindern, die zu den schönsten Hoffnungen berechtigten, geworden? Wie ist es der Wittwe Grosjean weiter ergangen? Wohin ist sie nach ausgestandener Strafzeit gekommen? Wo sind beide Kinder derselben, wenn sie noch leben?" Vielleicht giebt es Leser unseres Almanachs, welche über die eine oder die andere dieser Fragen irgend etwas mitzutheilen vermögen. Sie würden sich durch solche Mittheilungen sämmtliche Leser des Postalmanachs zum innigsten Danke verpflichten.

Sollen wir nun noch zum Schlusse eine allgemeine Charakteristik Grandisson's und seiner Ehefrau wagen? Grosjean, so wollen wir ihn zum Schlusse noch bei seinem wahren Namen nennen — seinem Taufscheine zufolge am 22. August 1763 zu Weilburg, wo anfangs seine Eltern wohnten, geboren, scheint das Diebshandwerk früh begonnen zu haben. Er wurde ein Dieb, der nichts liegen lassen konnte, der selbst wenn er im Ueberflusse war, auch Geringfügiges nicht verschmähte. Er stahl zuletzt nicht mehr aus Mangel, sondern nur, weil er es nicht lassen konnte.

Fast unbegreiflich scheint es, daß der sonst so kluge Mann selbst seinen Hauswirth bestahl. Eine große Rolle zu spielen, trieb das Gelüste diesen gewandten Friseur schon früh zum Gauner- und Diebshandwerk, und um diese Rolle fortspielen zu können, mußte er das Handwerk forttreiben und großartig ausbilden. Es mag ihm manche Stunde des Kopfzerbrechens gekostet haben, in seinem Kabinette in Heidelberg, wozu der Schlüssel stets sorgsam gehütet wurde, die beliebigsten Schlüssel zur Ausführung seiner Postwagendiebstähle anzufertigen, deren man nachher nicht bloß in Heidelberg, sondern auch zu Eisenach in dem Gasthofe, in welchem er logirt hatte, eine so bedeutende Anzahl fand. Er hatte längst den Entschluß gefaßt, wie er seine Rolle ausspielen wolle. **Des Verbrechens letzte That war ein Verbrechen, — der Selbstmord.**

Und was sollen wir über den Charakter der "**Madame Grandisson**" sagen? Früh leider der väterlichen Zucht entbehrend, heilsamen Ermahnungen durch das mürrische Wesen eines Stiefbruders entwöhnt, erlangte sie um so weniger für ihr Herz eine feste Basis, je früher sie der Verführung des hübschen, gewandten Tafeldeckers beim General von Dolfs erlag. So früh genossene Freuden der Wollust scheinen die Sinnlichkeit der mit vollen Reizen versehenen jungen Frau gewaltig verstärkt zu haben, so daß sie für die durch die Reisen ihres Mannes herbeigeführten Entbehrungen sich zu entschädigen wußte. Daher ihr sträfliches Verhältniß zum Pfarr-Vicar Z.; daher ihr ähnliches Verhältniß zu Herrn B. in Dijon und wahrscheinlich auch zum Marineofficier in Auxonne, bei welchem sie wohnte. Der Hang, die Große zu spielen, ließ sie ruhig von dem Gestohlenen mit ihrem Manne leben, und machte sie zur Gehülfin seiner Beschäftigungen im obenerwähnten geheimen Kabinette. Sie war klug genug, der Höhe ihres anscheinenden Standes gemäß sich auch höhere Kenntnisse zu verschaffen, und sparte daher keinen Fleiß in Erlernung der französischen Sprache. Ebendeshalb benutzte sie auch die Gelegenheit, mit den tüchtigen Lehrern ihrer Kinder Umgang zu pflegen und dadurch sich selbst weiter zu bilden. Aber Alles war nur äußerer Schein. Sie hing den Mantel der Tugend und Frömmigkeit nur um, um desto verborgener bleiben zu können. Wie hätte sonst dies Weib sagen können: "**Im Angesichte Gottes betheure ich**, daß ich nie an einem Verbrechen theilgenommen, und mich keines schuldig gemacht habe." In der That, das Urtheil des Obergerichts kann nur überaus mild erscheinen, nach welchem sie nur auf 2 Jahre ins Zuchthaus wandern mußte.

Uniform der Königl. Preußischen Postbeamten.

Die Uniform der Königl. Preuß. Postbeamten besteht in einem mit einer Reihe von 8 Knöpfen versehenen dunkelblauen Leibrocke nach Civilschnitt, mit stehendem Kragen und Aermelaufschlägen von orangegelbem Tuche, ohne Paspoilirung. Kragen, Aermelaufschläge und Patten sind mit einer Stickerei in Gold geziert, welche nach dem höhern oder niedern Grade des Beamten reicher oder minder reich vorgeschrieben ist. Die Epauletts sind ebenfalls von Gold, mit Fransen von einfacher Candille; auf der innern Fläche des Epauletts befindet sich in silbernem Felde der preuß. Adler mit der Krone.

Als Unterzeug wird eine Weste von weißem Casimir mit kleinen Uniform-Knöpfen und ein langes weißcasimirenes Beinkleid ohne Paspoilirung, und dazu Stiefel mit Sporen getragen.

Zu der Uniform gehört ein leichter Infanterie-Degen mit vergoldetem Gefäß, goldenem Porte-epée und ein dreieckiger Hut mit der National-Cocarde, goldener Tressen-Schleife und dem Uniforms-Knopfe. — Der Uniform-Ueberrock ist von dunkelblauem Tuche, mit Aermelaufschlägen von gleicher Farbe und stehendem orangegelben Kragen, und zwar, nach den verschiedenen Graden, mit oder ohne Stickerei. Der Ueberrock ist mit zwei Reihen von 6 Knöpfen versehen, auf dem sich im gekrönten Wappenschilde ein Adler befindet, und darunter ist ein Posthorn angebracht.

Zu dem Uniform-Ueberrock ist blautuchenes Unterzeug vorgeschrieben und eine Mütze von demselben Tuche mit orangegelber Einfassung. —

Die Uniform wird getragen:

1. Von den Geh. Ober-Posträthen mit einer um den ganzen Kragen, um Aermel-Aufschläge und Patten herumlaufenden, ¼ Zoll breiten gestickten Leiste, darunter ein Perlenstab von goldenen Flittern und auf der innern Fläche des Kragens ꝛc. sehr reich mit goldnen Blättern und Ranken gestickt; hierzu Epauletts wie oben vorgeschrieben und ein dreieckiger Hut mit Cordons. (Alle übrigen Beamten tragen keine Cordons.)
2. Von den Geh. Posträthen mit einer um Kragen (nur um 3 Seiten), Aufschläge und Patten als Randborte herumlaufenden goldenen Säge, und darunter eine Arabeske von goldenen Blättern und Flittern. Zu beiden Enden des Kragens und unterhalb der Stickerei befindet sich noch ein Stern mit 10 Zacken, ebenfalls in Gold gestickt mit Flittern. Epauletts wie oben.
3. Von den Ober-Postdirectoren wie ad 2 mit Epauletts, jedoch ohne die beiden Sterne im Kragen.
4. Von den Geh. Hofräthen und Geh. Rechnungsräthen wie ad 2 mit zwei Sternen an jeder Seite des Kragens, jedoch ohne Epauletts.

5. Von den Postdirectoren, Reisepostmeistern, Postmeistern, Rechnungsräthen, Hofräthen, Geh. expedirenden General-Post-Amts-Secretarien, Postinspectoren, Geh. Kanzlei-Directoren, Geh. Revisoren, Revisoren, Geh. Calculatoren, Calculatoren, Geh. Registratoren und Archivarien, General-Post-Kassen-Rendanten, Controleuren und Kassirern wie ad 2 mit einem Stern, ohne Epauletts.
6. Von den Hofpostsecretarien, Ober-Postsecretarien, Ober-Post-Commissarien, Post-Commissarien und General-Post-Kassen-Secretarien wie ad 2, jedoch ohne Stern und ohne Epauletts.
7. Von den Postsecretarien mit einer um den ganzen Kragen (4 Seiten), Aufschläge 2c. herumlaufenden gestickten Leiste, und darunter eine Canbillenschnur und die Säge, ohne Epauletts.
8. Von den Kanzlei-Secretarien die gestickte Säge nu um 3 Seiten des Kragens und keine gestickte Patten.
9. Von den Post-Diätarien, Postschreibern und Posterpediteure ohne Stickerei.

Der Uniform-Ueberrock,

die gewöhnliche Dienstbekleidung sämmtlicher Postbeamten, wi getragen:

Von den Beamten Nro. 1 bis 6 incl. mit der Ran borte der Stickerei ad 2 nur um den Kragen herum;
von den übrigen Beamten ohne Stickerei.

Beschreibung der Bayerischen Postillons-Uniform.

Die k. Bayerischen Postillons tragen im Sommer, wie im Winter, ein Collet von hellblauem Tuche mit schwarzem stehenden Kragen und solchen Aermelaufschlägen, während die Schöße gleichfalls mit schwarzem Tuche ausgeschlagen sind. Letztere, sowie der Kragen, sind mit breiten falschen Silberborten eingefaßt. —

Das Collet, welches immer zugeknöpft sein soll, ist vorn mit zwei Reihen — von der Rückseite, und zwar an der Taille und an den Schößen, mit je zwei Knöpfen von weißem Metalle und erhabenem eingepreßten Posthorne versehen. Unter den beiden Knöpfen an der Taille befindet sich eine längliche vierspitzige Tresse.

Um den linken Oberarm wird eine Binde von schwarzem Tuche, mit breiten Silberborten eingefaßt, getragen, auf welcher ein ovalrunder, weißer metallener Schild mit aufgeschraubtem k. Wappen angebracht ist.

Beinkleider sollen in der Regel von weißem Leder sein, und werden in hohen Kanonenstiefeln mit weißem Anschnallspornen getragen.

Als Kopfbedeckung dient ein schwarzer, blank lakirter Filzhut, mit einer breiten Silbertresse umgeben. Auf dessen Vorderseite ist eine in Falten gelegte, ovalrunde, große Silbertresse angebracht, in deren Mitte sich eine blau und weiße Kokarde befindet.

Oben am Hute ist ein Stiefel zum Einstecken des blau und weißen Federbusches, welcher, mit Ausnahme der Felleisen- und Estafettendienste, zum Extra-Postdienst und sonst jedem herrschaftlichen Dienst getragen wird.

Auf der linken Seite hängt in der Gegend des Schenkels ein Posthorn an einer blau und weißen Schnur, welche durch ein auf der rechten Achselseite mit einem Knopfe zum Oeffnen angebrachtes Achselband von Silberborten läuft, und deren Trobdeln auf dem Rücken hängen.

Königl. Preussischer Post-Beamter

Königl. Bayerischer Postillon

Im Winter tragen die Postillons Mäntel von nicht sehr dunklem grauen Tuche, mit halblangen Kragen und einem liegenden Halskragen von hellblauem Tuche.

Uniform der Königl. Hannoverschen Post-Beamten.

Dieselbe besteht in einem mit einer Reihe von acht Knöpfen versehenen Rocke von dunkelblauem Tuche mit Kragen und Aermel-Aufschlägen von carmoisinrothem Tuche, und einem vorn herunter, sowie in den Rockfalten angebrachten carmoisinrothen Vorstoße; auf dem feststehenden, vier Zoll hohen und ganz anschließenden Kragen befindet sich eine Stickerei in Gold; auf dem zwei Zoll hohen, mit keiner Stickerei versehenen Aermel-Aufschlage sind zwei Knöpfe mit einem Zwischenraum von 1½ Zoll in der Breite, nach dem Aermel zu, aufgesetzt. Der Rockschoß ist nicht aufgeschlagen, sondern geht schlicht herunter; unter der auf der Seite befindlichen Taschen-Klappe ohne Vorstoß sind zwei Knöpfe angebracht.

Der Uniform-Ueberrock ist von dunkelblauem Tuche mit Aermel-Aufschlägen von gleicher Farbe und einem feststehenden, vier Zoll hohen schließenden Kragen von carmoisinrothem Tuche ohne Stickerei; ein carmoisinrother Vorstoß läuft vorn herunter, in den Rockfalten und um den Aermel-Aufschlag. Der Ueberrock ist mit zwei Reihen zu sechs Knöpfen versehen, und sind die Ueberschläge mit weißem Kamlott unterfuttert. In dem auf den Knöpfen befindlichen Wappenschilde, darüber die Königskrone, ist das springende Pferd und darunter ein Posthorn angebracht.

Als Unterzeug wird eine Weste von weißem Tuche mit kleinen Uniform-Knöpfen und ein blautuchenes, an den Seiten carmoisinroth paspoilirtes und in die Stiefel gehendes Beinkleid, mit ganz bis an die Kniee reichenden Stiefeln (ohne Stülpen) mit Spornen getragen.

Zu der Uniform gehört ein Degen mit vergoldetem Gefäß nebst Porte-épée und ein dreieckiger Hut mit Cocarde, einem goldenen Ueberfalle und dem Uniform-Knopfe.

Bei dem Uniform-Ueberrocke ist eine blautuchene, oben carmoisinroth paspoilirte Kappe mit einem Schirme vorgeschrieben, über welchem ein carmoisinrother Streif und auf diesem die Cocarde mit einem darunter liegenden Posthorne von gelbem Metalle angebracht ist.

Die Uniform wird getragen:

1. Von den Ober-Postmeistern, mit Epauletten mit Frangen von Candille und einem Epaulettenhalter ohne Stern;
2. von den Postmeistern, dem General-Post-Cassirer, den Ober-Post-Inspectoren und den Ober-Post-Revisoren, mit Contre-Epauletten und einem Epaulettenhalter mit zwei Sternen;
3. von den Post-Verwaltern, Post-Cassirern, Post-Inspectoren und Post-Revisoren, mit Contre-Epauletten und einem Epaulettenhalter mit einem Sterne;
4. von den Postschreibern mit Contre-Epauletten und einem Epaulettenhalter ohne Stern.

Der Uniform-Ueberrock:

5. Von den Post-Spediteurs und
6. von den Posthaltern und Relais-Inhabern.

Königl. Hannoverscher Post-Beamter

Montur der Herzoglich Braunschweigischen Postillons.

Die Herzoglich Braunschweigischen Postillons tragen während des Sommers eine Reitjacke von hellblauem Tuche mit paillegelbem Kragen und Schoßbesatz. Dieselbe ist mit zwei Reihen zu sechs Knöpfen versehen. Die Aermel=Aufschläge und Taschenklappen sind gelb paspoilirt, letztere mit drei Knöpfen besetzt. Auf den Knöpfen von weißem Metall befindet sich ein Posthorn. Um den linken Oberarm wird eine Binde von gelbem Tuche getragen, auf welcher ein weißmetallenes Schild mit dem springenden Pferde angebracht ist.

Die Reitjacke muß stets ganz zugeknöpft, und die Schärpe unter derselben dergestalt umgethan werden, daß sie zwei Finger breit hervorsteht, und die Enden derselben an der linken Seite einen halben Fuß lang herunterhängen. Die Schärpe ist von paillegelbem Zeuge, an den Enden mit handbreiten Frangen von derselben Farbe besetzt. Beinkleider und Handschuhe sind von weißem Leder; erstere werden in die Stiefeln getragen. Bei Beförderung von drei= und vierspännigen Posten hohe Kanonenstiefel mit weißen Anschnalle=Spornen; bei zweispänniger Beförderung bis an die Knie reichende Stiefel mit steifen Schäften. Als Kopfbedeckung dient ein schwarz blank lackirter Hut mit zwei Zoll breiter Silbertresse, die vorn in zwei egale Falten gelegt ist. Die Cocarde ist von schwarz lackirtem Eisenblech; in der Mitte derselben ein blaues blankes Schild, eingefaßt mit vergoldetem Rande. Als

Herzogl. Braunschweigischer Postillon

Halsbinden werden schwarzseidene Tücher oder schwarztuchene Binden getragen. Die Trompete muß mit der Schnur am Schall=Ende so weit umwickelt werden, daß sie unter der linken Schulter aufliegt und die Trobbeln auf der rechten Brust hängen. Die Schnur ist mit blauer und gelber Wolle durchwirkt.

Des Winters soll in der Regel die Stalljacke von grauem Tuche mit paillegelbem Vorstoß und Kragen, darüber jedoch der Mantel von hellblauem Tuche mit paillegelbem Kragen, getragen werden. Ferner graue tuchene Beinkleider mit Lederbesatz und paillegelbem Vorstoß und Halbstiefeln mit Anschraube=Spornen; doch müssen die Beinkleider lang sein und über die Stiefeln gehen. Dazu gehört die oben beschriebene Schärpe, schwarze Halsbinde, weiße lederne Handschuhe, Trompete mit Schnur und der Hut. Bei Beförderung zweispänniger Fahrposten, sowie der Reit= oder Kariolposten und der Estafetten kann im Sommer wie im Winter statt des Hutes eine Mütze von blauem Tuche mit paillegelbem Streifen, auf welchem ein kleines Posthorn von Metall mitten über dem ledernen Schirme befindlich, getragen werden.

Bei jeder Dienstleistung hat sich der Postillon der vorge=schriebenen und niemals einer anderen Peitsche zu bedienen. Der Stock derselben ist mit Leder überzogen, oder besponnen und hell=blau angestrichen. Der Postillon muß im Dienste ordentlich rasirt sein. Einen Schnurrbart zu tragen, ist ihm nicht gestattet. Auch muß er stets ein Schnupftuch bei sich führen und sich desselben bedienen.

Wenn während der Winterzeit gute, trockene und nicht zu kalte Tage erscheinen, so kann die Sommer=Bekleidung, und ent=gegengesetzten Falls, wenn während des Sommers anhaltendes Regenwetter eintritt, die Winter=Bekleidung angelegt werden.

Uniform der Königlich Württembergischen Postbeamten.

Die Dienstkleidung sämmtlicher Königl. Postbeamten ohne Ausnahme besteht in einem dunkelblauen Rocke nach dem Schnitte, wie solcher bei dem Königl. Forst- und Jagdpersonale vorgeschrieben ist, mit gelben Königl. Württembergischen Wappenknöpfen, und grauen Unterkleidern. Die Röcke der Ober-Postmeister, Ober-Postamts-Cassirer, Postmeister, Ober-Poststallmeister, Postverwalter, Posthalter und Poststallmeister sind mit Kragen und Aermelaufschlägen von scharlachrothem Tuche und diese Kragen und beziehungsweise Aufschläge der genannten Dienstgrade mit einer goldenen Stickerei nach folgenden Abstufungen versehen:

1) Die Uniform des Haupt-Postmeisters in Stuttgart, der drei Ober-Postmeister in Tübingen, Heilbronn und Ulm, und des Inspectors fahrender Posten in Stuttgart, hat eine Stickerei auf Kragen und Aermelaufschlägen nach der Musterzeichnung Nr. 1. **A.** (Kante von Eichenlaub, welche sich in den Ecken durch kleine in Gold gestickte Posthörner zieht). Der Rock schließt über der Brust gerade herunter mit acht Wappenknöpfen und hat einen stehenden Kragen; die Rockschöße werden nicht umgeschlagen.

2) Die Uniform der bei den vier Ober-Postämtern angestellten Cassirer erhält nur auf dem Kragen, aber nicht auf den Aufschlägen eine Stickerei und zwar nach der Musterzeichnung Nr. 2. **B.** Der Schnitt des Rockes ist der nämliche, wie bei der ersten Klasse. Auf die Spitze des Aufschlags wird ein Wappenknopf gesetzt.

3) Der Kragen der Uniformen der wirklichen Königl. Postmeister und der vier Ober-Poststallmeister in Stuttgart, Tübingen, Heilbronn und Ulm, so wie der sämmtlichen Haupt- und Oberpostamts-Officialen erhält die durch die Musterzeichnung Nr. 3. C. vorgeschriebene Stickerei, und der rothe Aermelaufschlag einen Wappenknopf.

4) Die Postverwalter, Posthalter und Poststallmeister erhalten auf dem Uniformskragen die Stickerei nach der Musterzeichnung Nr. 4. D. und einen Wappenknopf auf dem rothen Aufschlag.

Die Röcke der dritten und vierten Klasse werden an den Schößen umgeschlagen und auf den umgelegten Ecken mit zwei goldgestickten Posthörnern versehen. Das zur ersten und zweiten Klasse gehörige Personale trägt Uniformsdegen, das zur dritten und vierten Klasse gehörige hingegen Säbel an einer über die Schulter zu tragenden schwarz lackirten und auf der Brust mit dem Königlichen Namenszuge und einer Krone versehenen Kuppel. Die zur ersten, dritten und vierten Klasse gehörigen Postbeamten und Diener legen bei Vorritten oder sonstigen Feierlichkeiten überdieß noch das silberne Posthorn an, und bedienen sich, wenn sie zu Pferde erscheinen, einer dunkelbraunen Schabracke mit scharlachrother Einfassung.

Sämmtliche Königl. Postbeamte aller Grade haben zu der Dienstuniform dreieckige Hüte mit der Königl. Württembergischen Cocarde und goldener Hutschleife zu tragen, welche bei der ersten Klasse doppelt ist.

Es ist den Königl. Postbeamten frei gestellt, bei besonders feierlichen Gelegenheiten statt der grauen, weiße Unterkleider anzulegen.

Königl. Württemberg'scher Post-Beamter

Montur der Königl. Hannoverschen Postillons.

Die Montur eines Königl. Hannoverschen Postillons besteht:
1. aus einem Collette von scharlachrothem Tuche mit 2 Reihen Uniform-Knöpfen von gelbem Metall; der Kragen, die Aermel-Aufschläge, die Schulterklappen und die Schoß-Umschläge sind von dunkelblauem Tuche und mit einer ½ Zoll breiten gelben Litze besetzt;
2. einem weißledernen Beinkleide;
3. Canonenstiefel mit Umschnalle-Sporen;
4. einem schwarzlackirten Filzhute mit goldener Tresse; vorn an selbigem befindet sich die Hannoversche Cocarde und darunter Krone und Posthorn von gelbem Metall;
5. einer Schärpe von blauem Wollzeuge mit gleichfarbigen Quästen von 6 Zoll Länge;
6. einem Posthorne in Trompeten-Form;
7. einer Hornlitze von blau und roth gedrehter Wolle mit Quästen von 8 Zoll Länge; dann
8. aus einem Oberrocke von krapprothem Tuche mit 2 Reihen Uniform-Knöpfen, einem bis über die Schultern reichenden Kragen von blauem Tuche, die Aermel-Aufschläge sind gleichfalls von blauem Tuche, und Kragen und Aufschläge mit einer 1 Zoll breiten gelben Litze besetzt;
9. einer Reithose von blauem Tuche mit rothem Paspoil- und schwarzem Leder-Besatze;
10. einer Kappe von blauem Tuche mit rothem Streife und Paspoil, Cocarde und Krone nebst Posthorn.

Im Sommer (Mai bis Novbr.) tragen die Postillons bei

Königl. Hannover'scher Postillon

vom Sattel ab zu verrichtenden Fuhren, Collet, Hut, weißleder
Beinkleider, Handschuhe und Canonenstiefel, bei sonstigen Fuhr
aber, statt der Lederhosen und Canonenstiefel, entweder Lederho[
oder aber blaue Tuchhosen und gewöhnliche Stiefel mit Auffschrau]
Sporen.

Der Ueberrock ist zur Nachtzeit und bei ungünstigem Wet
über dem Collette zu tragen.

Im Winter (Novbr. bis Mai) verrichten die Postillons
Transporte im Oberrocke, Hut, Tuch=Reithosen und Stiefeln 1
Anschraube=Sporen.

Die Schärpe, das Posthorn und die Hornlitze sind bei je
Fuhr anzulegen; die Kappe aber nur bei dem Transport von L
benwagen und Beichaisen zu tragen.

Die Monturen (mit Ausnahme der weißledernen Beinkleid
werden den Relais von dem Post=Montur=Büreau in Hanno
zu verschiedenen Terminen geliefert. Zu den Kosten derselben
ben die Relais zwei Drittheile beizutragen.

Die Collette, Hüte, Kappen, Schärpen und Hornlitzen wer
   alle 2 Jahre;

die Reithosen für die größeren Relais alle 1½ Jahre, für
   kleineren alle 2 Jahre;

die Oberröcke, für die größeren Relais alle 2 Jahre, für
   kleineren alle 3 Jahre;

die Posthörner alle 4 Jahre und die Canonenstiefel alle 6 Ja
   erneuert.

Für Anschaffung und Unterhaltung der ledernen Beinkle
und Handschuhe, Stallkittel, Halbstiefel, Halsbinden und Tasch
tücher haben die Relais=Inhaber selbst zu sorgen.

Uniform der Königl. Sächsischen Postbeamten.

1. Diese Uniform bestehet für die Postmeister erster Classe, für die Ober- und Host-Postamts-Einnehmer, Buchhalter und Postschreiber aus folgenden Stücken:

a) Frack von kornblumenblauem Tuche, mit citrongelbem, stehenden Kragen und dergleichen Patten auf den Aermel-Aufschlägen, mit einer Reihe weißer Wappenknöpfe, gelbem Vorstoße, drei Knöpfen auf den Seiten-Patten, zwei Knöpfen in der Taille, einem Knopfe am untern Theile jedes Rockschoßes, drei kleinen Knöpfen auf jeder Aermel-Patte, blautuchnem Unterfutter. Die Rockschöße nicht aufgeschlagen. Die Kragen mit silberner Stickerei, nach dem Muster A. (Laubgewinde um vierfache Streifen).

b) Pantalons von kornblumenblauem Tuche, mit zwei, einen Zoll breiten Streifen vom Aufschlagstuche, und gelbem Vorstoß in der Mitte.

2. Für die Postmeister zweiter Classe und für die Packmeister zu Leipzig besteht die Uniform in denselben Stücken, nur mit dem Unterschiede, daß die Stickerei am Kragen nach Muster B. (Laubgewinde um dreifache Streifen).

3. Für die Königlichen Postschreiber bei den Postämtern und für die Postverwalter ist dieselbe Uniform bestimmt, jedoch mit der Stickerei nach dem Muster C. (Laubgewinde um zweifache Streifen).

4. Die Posthalter erster Classe tragen die Uniform, wie sub 2. bestimmt, jedoch mit Anschraubesporen. Bei dienstlichen Vorritten tragen dieselben weiße Beinkleider in die Stiefel, halbsteife Reit-

stiefeln und Anschnallsporen, auch ein, an einer silbernen, blau durch=
wirkten Schnur, mit zwei Quasten über der linken Schulter, auf
dem Rücken hängendes Posthorn von weißem Metall.

5. Die Posthalter zweiter Classe tragen die Uniform, wie sub
3. beschrieben, jedoch Beinkleider, Stiefeln und Horn bei dienstlichen
Vorritten, wie die Posthalter erster Classe.

6. Das von den Posthaltern beider Classen bei dienstlichen
Vorritten anzulegende Pferdezeug besteht in:

    a) einer englischen Pritsche,
    b) einem deutschen Hauptgestelle,
    c) Vorderzeug,
    d) Hinterzeug,
    e) Chabraque von kornblumenblauem Tuche, unter den Sat=
tel, mit einer Einfassung, von $1\frac{1}{2}$ Zoll breiter, weißer Borde,
oder silberner Tresse.

Hauptgestelle, Vorder= und Hinterzeug von schwarzem Leder,
mit weißen Schnallen und dergleichen einfachen Buckeln.

Steigbügel weiß.

7. Die Privatpostschreiber tragen die vorgeschriebene Uniform,
jedoch ohne Stickerei.

8. Zu den täglichen Dienstverrichtungen tragen die Post=
Staatsdiener, so wie die Postverwalter, welche nicht Staatsdiener
sind, und die Posthalter einen bis an's Knie reichenden Uniform=
Oberrock von kornblumenblauem Tuche, mit zwei Reihen Wappen=
knöpfen, zwei Knöpfen in der Taille, und einem Knopfe in jeder
Rockfalte, gelbem, stehenden Kragen, dergleichen Aermel=Patten
und Revers und eine Schirmmütze vom nämlichen blauen Tuche,
mit gelbem Vorstoße.

Königl. Sächsische Post-Beamte

9. Die Privatpostschreiber tragen im täglichen Dienste einen gleichen Uniform=Oberrock, mit Wegfall der gelben Aermel=Patten und der Revers, die Mütze wie sub 8. angegeben.

Montur der K. K. Oesterreichschen Postillone.

Die Gallamontur der K. K. Oesterreichschen Postillone besteht aus folgenden Stücken:

1. Einem kurzen Rocke von scharlachrothem Tuche mit Kragen, Aufschlägen und Armbande von schwarzem Tuche, diese mit silbernen Borden von der Breite eines halben Wiener=Zolles eingefaßt. Weiße Knöpfe mit dem k. k. Adler und einem Posthorn unter diesem.
2. Anliegenden gelbledernen Beinkleidern;
3. Einer schwarzen Halsbinde;
4. Einem niedrigen dreieckigen Hute mit einer kleinen silbernen Rose unter einer gleichen schmalen Spange, dann mit silbernen Borden von der Breite eines Wiener=Zolles eingefaßt, und mit einem gelb und schwarzen Federbusche von acht Wiener=Zoll Höhe geziert;
5. Hohen Stiefeln mit Spornen;
6. Einem versilberten Schilde mit dem k. k. Adler am Armbande, welches am linken Arme zu tragen ist;
7. Einem Posthorn mit Mundstück von gelbem Metalle,

K. K. Oesterreich'sche Postillons

welches an einer gelb- und schwarzen Wollschnur, mit Quasten versehen, über die Schulter gehängt wird.

Die Montur der Postillone für den gewöhnlichen Postdienst besteht:

1 Aus einem kurzen Rocke von eisengrauem dunkeln Tuche mit Kragen, Aufschlägen und Armbande von rothem Tuche, dann weißen Knöpfen mit dem k. k. Adler und einem Posthorn unter diesem;

2. Beinkleidern von gleichfarbigem Tuche, zwischen den Schenkeln hinab mit schwarzem Leder besetzt, oder gelblebernen Beinkleidern, oder auch im Sommer Pantalons aus grauem leichten Zeuge;

3. Einer schwarzen Halsbinde;

4. Einem schwarzlackirten runden Filzhute mit einer drei Wiener-Zoll breiten silbernen Borde umgeben; die Rose und Spange von gleichem Stoffe; der Federbusch gelb und schwarz von acht Wiener-Zoll Höhe;

5. Stiefeln mit Spornen auch bei dem Gebrauche der Pantalons;

6. und 7. Schild und Posthorn wie bei der Galla-Montur.

Die Gestattung einer gemischten Montur außer den Fällen von feierlichen Gelegenheiten macht es zulässig, daß Bestandstücke der Galla-Montur neben jenen der gewöhnlichen Montur getragen werden, nur müssen die einen, wie die andern, der Vorschrift vollkommen entsprechen.

Uniform der Großherzoglich Badischen Post-Beamten.

§. 1.

Die vorschriftsmäßige Uniform für sämmtliche als Staatsdiener angestellte Postbeamte, so wie für sämmtliche contractmäßig ernannte Postverwalter, Posterpeditoren, Poststallmeister und Posthalter besteht:

I. In einem Uniformsrock von dunkelblauem (bleu de Roi) Tuch und gleichem Unterfutter, mit stehendem Kragen und Aermelaufschlägen von schwarzem Sammet, vornen mit einer Reihe von neun Knöpfen, rechts zugeknöpft, drei Knöpfen unter jeder Taschenklappe und zwei auf den Rückennähten; das Unterfutter aufgenäht mit einem in Gold gestickten Posthorn in jeder der vier Ecken.

Diese Uniform ist mit einer goldenen Stickerei versehen, welche nach folgenden Abstufungen getragen wird:
1. von dem Oberpostdirector auf Kragen, Aermelaufschlägen und Taschenklappen nach dem Muster Nro. I;
2. von sämmtlichen Collegialmitgliedern der Oberpostdirection, von dem General-Postkassier und dem Oberpostmeister auf Kragen, Aermelaufschlägen und Taschenklappen nach dem Muster Nro. II;
3. von sämmtlichen Postmeistern, auf Kragen und Aermelaufschlägen nach dem Muster Nro. II;
4. von dem Balleypersonal der Oberpostdirection, sowie von den

als Staatsdiener angestellten Postverwaltern, Postexpeditoren und Postoffizialen, auf dem Kragen nach dem Muster Nro. II, auf den Aermelaufschlägen aber nach dem Muster Nro. III;

5. von sämmtlichen contractmäßig angestellten Postverwaltern, Expeditoren, Poststallmeistern und Posthaltern, auf Kragen und Aufschlägen nach dem Muster Nro. III.

Die Knöpfe sind von vergoldetem Metall mit einem aufgeprägten, von Laubwerk umgebenen Posthorn unter der Königskrone nach dem Muster Nro. IV.

II. In Pantalons von gleichem Tuch wie der Rock, und Stiefeln mit Sporen von gelbem Metall.

Als Galla weiße anliegende Beinkleider mit großen Stiefeln (bottes à l'ecuyer) mit silbernen Sporen.

III. In einem dreieckigen Hut mit der Badischen Cocarde, breiter goldener Bandschleife mit einem Knopf nach obigem Muster und goldenen Cordons mit den Großherzogl. Hausfarben. Der Oberpostdirector trägt diesen Hut mit schwarzen Federn ausgeschlagen.

IV. In einem Civildegen von vergoldetem Metall, nach dem für das Großherzogl. Stalldepartement genehmigten Muster, mit einem Griff von schwarzem Holz mit einer auf dem Stichblatt eingeprägten Plaque nach dem Muster Nro. V. (ein von Laubwerk umgebenes Posthorn unter der Königskrone) und goldenem porteépée.

§. 2.

Als gewöhnliche Uniform zur Verrichtung des Bureaudienstes ꝛc. ist vorgeschrieben: ein Ueberrock von dunkelblauem Tuch mit stehendem Kragen, Aermelaufschlägen und Brustklappen von

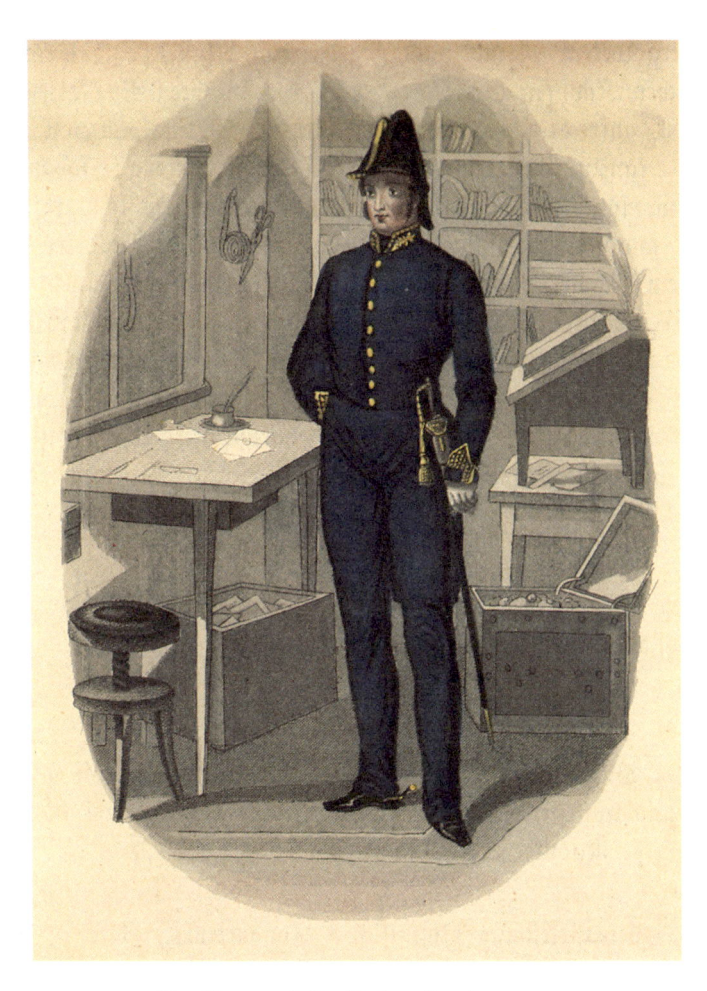

Großherzogl. Badischer Postbeamter

schwarzem Sammet, vornen mit zwei Reihen von sechs Knöpfen von vergoldetem Metall nach obgedachtem Muster, sowie mit drei dergleichen Knöpfen auf jeder der in den hinteren Rockfalten angebrachten, aufrecht stehenden Taschenklappen; Pantalons von blauem Tuch, Nankin oder glattem weißem Sommerzeug; sodann eine Uniformsmütze von dunkelblauem Tuch mit steifem schwarzlakirtem Schild und schwarzsammetnem Besatz, mit einer vergoldeten Plaque nach dem Muster Nro. V.

Ebenso ist als kleine Uniform, das Tragen von dunkelblauen Fracks mit schwarzsammetnem liegendem Kragen, vornen mit zwei Reihen von sechs Knöpfen nach dem Muster Nro. IV. und drei dergleichen unter jeder Taschenklappe, nebst hellgelber, casimirnen Weste mit einer Reihe von sechs dergleichen kleineren Knöpfen gestattet.

§. 3.

Die in vorstehendem §. bemerkte Uniform haben auch alle bei der Postadministration rezipirte Praktikanten und Aspiranten zu tragen.

§. 4.

Der Wageninspector hat die gleiche Uniform, wie die contractmäßig angestellten Postbeamten, jedoch die Stickerei in Silber, sowie weiße Knöpfe und Plaque zu tragen.

§. 5.

Die Dienstkleidung sämmtlicher Conducteurs, Packer, Briefträger, Bureaudiener und Wagenmeister besteht:

I. In einem dunkelblauen Frack mit liegendem Kragen und Aufschlägen von schwarzem Manchester, vornen mit zwei Reihen von sechs Knöpfen, drei dergleichen unter jeder Taschenklappe und zwei auf den Rückennähten, aufgenähtes Unterfutter von gleichem Tuch, wie der Rock, mit einem silbernen Posthorn in jeder der vier Ecken; die Knöpfe von weißem Metall nach dem Muster Nro. **IV.**, auf der linken Brust einen silbernen Wappenschild an einem Löwenkopf mit drei Kettchen befestiget.

II. In einer Weste von hellgelbem Tuch mit einer Reihe von sechs kleinen weißen Knöpfen nach dem obigen Muster.

III. In Pantalons von dunkelblauem oder grauem Tuch, desgleichen im Sommer von Nankin, grauer ungebleichter Leinwand, oder glattem weißen Sommerzeug und Stiefeln.

IV. In einer Uniformsmütze von dunkelblauem Tuch mit schwarzlackirtem steifem Schild und schwarz manchesternem Besatz mit einer silbernen Plaque nach dem Muster Nro. **V.** Bei besondern Veranlassungen einen silberbortirten dreieckigen Hut. Den Briefträgern, Packern und übrigen Subalternbienern ist im Winter und bei schlechter Witterung das Tragen von Ueberröcken, wie solche oben §. 2. bestimmt sind, jedoch mit weißen Knöpfen, gestattet.

Montur der Königlich Sächsischen Postillons.

Der H u t ist von schwarz lackirtem Filze, von runder Façon, hat die gewöhnliche Kopfhöhe und verhältnißmäßige Krempen, ist mit einer zwei Zoll breiten silbernen Tresse, mit Agraffe, Cocarde, sowie mit einem drei Zoll über dem Hute vorstehenden Stutze von schwarzen Roßschweifhaaren decorirt und mit einem schwarzledernen Sturmbande versehen.

Das Collet ist von gelbem Tuche, mit stehendem Kragen, Aufschlägen, Achselwülsten, Dragonern und Vorstoß von kornblumblauem Tuche, hat in einer Reihe acht Wappenknöpfe von weißem Metall, die Schöße sind 9 bis 11 Zoll lang, blau aufgeschlagen und mit zehn Stück Wappenknöpfen, die Aermel mit vier kleinen Wappenknöpfen versehen.

Decorirt ist das Collet am obern Theile des linken Aermels mit einer 3½ Zoll breiten Binde von blauem Aufschlagstuche, worauf ein Schild von Argentan mit dem Königlichen Wappen, ferner mit einer Einfassung von ¾ Zoll breiter weißer Borde um den Kragen, um die Aermelaufschläge und um die Armbinde, sowie für diejenigen Postillons, denen nach Maaßgabe ihrer vorwurfsfreien Dienstzeit das einfache, zweifache oder dreifache Dienst-Ehrenzeichen zuerkannt worden ist, auf jedem Aermel mit einem, zwei oder drei Winkeln von ½ Zoll breiter Silber-Tresse, mit blauem Tuche unterlegt, die Spitze nach oben gekehrt.

Die Tuchbeinkleider sind von der Farbe der Aufschläge, in die Stiefel zu ziehen und mit schwarzem Kalbleder besetzt.

Der Mantel ist von graumelirtem Tuche, mit langem fallenden Kragen und einem liegenden Kragen zum in die Höhe schlagen von gelbem Tuche, mit weißer Borde eingefaßt. Die Knöpfe von weißem Metall.

Der Stallkittel ist von ungebleichter Leinewand mit stehendem Kragen und einer Reihe überzogener Knöpfe.

Die Halsbinde ist von schwarzem wollenen Zeuge, hinten zum Zuschnallen.

Königl. Sächsischer Postillon

Die Trompetenschnur ist von weiß und blauer Wolle geflochten und besteht aus zwei abgesonderten Theilen, der 3¾ Ellen langen Schnur und dem Quastenstücke, welches letztere unter dem Dragoner auf der rechten Schulter angeknöpft wird. Die Schnur wird über der rechten Schulter getragen und unter dem Dragoner weggezogen.

Hat der Postillon den Mantel übergezogen, so ist auch die Trompetenschnur über den Mantel zu ziehen, die Quasten bleiben aber auf dem Collet.

Die Mütze ist vom Aufschlagstuche, rund, mit schwarz lackirtem Deckel und Schirme und mit einem gelben Vorstoße um den Deckel, sowie oberhalb und unterhalb des Mützenstreifens, versehen, vorn mit einem Posthörnchen von Argentan decorirt.

Pelzmützen zu tragen ist, soweit das Tragen von Mützen überhaupt verstattet ist, nur dann zulässig, wenn sie von der Farbe der Aufschläge, ohne Schirm, mit schwarzem Pelz 2 Zoll breit verbrämt, und nach dem Schnitte der viereckigen sogenannten Sackmützen, 8 bis 10 Zoll hoch, gefertigt sind.

Die ledernen Beinkleider sind eng anschließend in die Stiefel zu ziehen, und weiß angestrichen.

Die Stiefel haben steife Schäfte, welche nicht weniger als 2 Zoll und nicht mehr als 4 Zoll über das Knie gehen dürfen.

Die Anschnallsporen sind von Eisenstahl mit 2½ Zoll langen Hälsen und 2 Zoll breiten Spornledern. Die Schnallen müssen sich stets auf der äußern Seite ganz dicht über dem Spornbügel befinden.

Die Weste ist von blauem Tuche, mit stehendem Kragen und

einer Reihe kleiner weißmetallner Wappenknöpfe versehen. Dieselbe darf unter dem Collet nicht vorgehen.

Westen von ganz weißem Zeuge zu tragen bleibt nachgelassen.

Der Pelz ist nur in Form eines Spenzers von blauem Aufschlagtuche gestattet, bis an die Hüften reichend, mit zwei Reihen weißmetallnen Wappenknöpfen, und Aufsatz von schwarzem Pelz auf Kragen, Aermelaufschlägen und unten herum. Auf der rechten Schulter ein Dragoner von blauem Tuche und darunter ein Knopf zum Aufknöpfen der Schnurenquasten.

Aller Postdienst, sowohl der ordinaire, als der Extrapostdienst, muß in vollständiger Postuniform, mit umgehängter Posttrompete verrichtet werden. Dabei hat der Postillon am Tage, wenn der Mantel nicht übergezogen wird, stets das Collet, den Hut und die Trompetenschnur anzulegen, welche er bei der letzten regelmäßigen Ausgabe erhalten hat, wogegen er, zur Schonung der zuletzt erhaltenen Monturstücke, bei Nachtdienst und unter dem Mantel ältere Sachen tragen darf.

Die Tuchbeinkleider und die ledernen Beinkleider werden abwechselnd getragen, je nachdem die Witterung es verlangt, doch sollen in der Zeit vom 1. Mai bis Ende October vorzugsweise die Lederbeinkleider, in der übrigen Zeit, vorzugsweise die Tuchbeinkleider getragen werden.

Die steifen Stiefel müssen bei allem Dienste getragen werden und nur in den Fällen, wo der Postillon vom Wagenbocke aus fährt, ist es gestattet, die Anschnallsporen wegzulassen.

Der Kittel dient blos als Haus- und Stallkleid des Postillons und darf im Dienste niemals angelegt werden.

Uniform der Großherzoglich Meklenburg-Schwerin'schen Post-Beamten.

Die Uniform der Meklenburg'schen Postbeamten besteht für den **täglichen Dienst** in einem dunkelblauen Oberrocke mit überschlagenden, mit weißem Kasimir gefütterten Klappen und 2 Reihen von 6 Knöpfen, 4 dergleichen auf den Rückennäthen und Taschenklappen, scharlachrothem aufrechtstehendem und ganz anschließendem Tuchkragen und weißem Vorstoße auf den dunkelblauen Aermelaufschlägen, Kragen, Taschen ꝛc., in einfachen grauen Tuchbeinkleidern und einer dunkelblauen, mit rothem Streif um dieselbe und weißem Paspoil versehenen Uniformmütze.

Als **Interims-Uniform** wird getragen: ein dunkelblauer Leibrock mit einer Reihe von Knöpfen, aufrechtstehendem, ganz anschließendem Kragen und Aermel-Aufschlägen von scharlachrothem Tuche, weißem Vorstoße auf den blau umgeschlagenen, am untern Ende mit einem gestickten goldenen Posthorne decorirten Rockschößen, den Taschen, Kragen ꝛc.; dazu einfache graue Tuchbeinkleider, Stiefel mit Sporen, ein dreieckiger Hut und ein Degen mit goldenem Portepée.

Die **Staats-Uniform** unterscheidet sich nur dadurch von der eben beschriebenen Interims-Uniform, daß Kragen, Aufschläge und Taschenklappen mit einer Goldstickerei (sogenannten Knopflöchern, Balletten) versehen sind, zu derselben auch weiße, enganliegende Kasimir-Beinkleider und hohe Stiefel (Kanonen) mit silbernen Sporen getragen werden. —

Dienstknöpfe sind vergoldete, mit einem ausgeprägten Posthorne versehene; nur für die Beamten des ersten Grades kommt noch über dem Posthorne die Großherzogliche Krone hinzu.

Großherzogl. Mecklenburg-Schwerin'sche Postbeamte

Die Degen sind mit vergoldetem Gefäße für alle Beamte ohne Unterschied.

Die goldenen Ueberfälle und Cordons an den Hüten, sowie auch die Portepees sind je nach den verschiedenen Graden von Crepinen (Bouillons) oder Goldfäden. — Der Uniform-Oberrock wird von sämmtlichen Postbeamten, auch den Privatpostschreibern 2c. getragen, desgleichen die Interimsuniform, jedoch mit Ausnahme der Letzteren. Die Beamten ersten Grades tragen zu Oberrock und Interimsuniform Epauletten.

Bei der Stickerei der Staatsuniform, den Epauletten, Ueberfällen und Cordons an den Hüten und den Portepees finden folgende Abstufungen statt:

Der Chef des Postwesens: volle Epauletten, Portepee, Cordons 2c. ganz von Crepinen.

Die Ober-Post- und Postdirectoren: zu der gewöhnlichen Stickerei (den Balletten) noch um Kragen, Aufschläge und Taschenklappen eine feine gestickte Randborte, volle Epauletten von feineren Cantillen, Portepee's 2c. halb aus Crepinen, halb aus Goldfäden.

Die Postcommissaire, Postsekretaire und Postmeister die gewöhnliche Stickerei, Portepee's 2c. von Goldfäden. (Keine Epauletten.)

Die Postschreiber und Postaccessisten tragen nur die Interims-Uniform; Portepee's 2c. sind ebenfalls von Goldfäden. —

Die Dienstkleidung der Conducteure, Schirrmeister, Extrapostwagenmeister Briefträger, Pack- und Fußboten, welche denselben vom Hauptdepot in Schwerin geliefert wird, besteht in einem dunkelblauen Oberrocke mit stehendem, ganz anschließendem Kragen von scharlachrothem Tuche und zwei Reihen von 6 Knöpfen (von gelbem Metalle mit ausgeprägtem Posthorne), 4 dergleichen auf den

Rückennäthen und den Taschenklappen angebracht und letztere, sowie die Handaufschläge sind roth passepoilirt.

Beinkleider und Kopfbedeckung sind nicht vorgeschrieben, doch werden gewöhnlich graue Beinkleider und blaue Mützen mit rothen Streifen getragen.

Montur der Fürstl. Thurn- und Taxischen Postillons.

Dunkelblaues Kollet, mit schwarzem Kragen und Aermel-Aufschlägen mit gelbem Tuch passepoilirt. Die Umschläge auf den Schößen sind von gelbem Tuch. Um den linken Oberarm ist eine gelbe Binde mit Goldtressen eingefaßt, auf welcher sich das fürstl. Wappen befindet, befestigt. Ueber die Schulter wird das Posthorn an einer schwarz und gelben wollenen Schnur mit Quasten versehen getragen.

Die gelben ledernen Beinkleider werden in die Steifstiefel mit Anschnallesporen getragen.

Die Knöpfe der Montur sind gelb mit Posthorn versehen.

Als Kopfbedeckung dient ein schwarzlackirter Hut, welcher von einer drei Zoll breiten goldenen Tresse umgeben ist, die vorn eine Rosette bildet.

Die Mäntel sind von dunkelgrauem Tuche mit rothem Futter und stehendem gelben Kragen.

Nur bei schlechtem Wetter dürfen Reithosen von dunkelgrauem Tuche, gelb passepoilirt und mit Leder besetzt, getragen werden.

Bei ganz tadelfreier Aufführung erhalten die Postillone ein goldenes Chewron auf dem linken Arme, womit eine Ehrenbelohnung von monatlich 2 Thaler verbunden ist.

Fürstl. Thurn- und Taxis'sche Postillon

Uniform der Königlich Bayerischen Post-Beamten.

Für die Königlich Bayerischen Postbeamten besteht eine **große** oder **Gala-Uniform**, welche bei Aufwartungen und anderen feierlichen Veranlassungen getragen wird; dann eine **kleine** oder **Interims-Uniform**, welche in allen Funktionen zu tragen ist, die eine dienstliche Berührung mit dem Publikum mit sich bringen.

Die Gala-Uniform besteht in einem Fracke von hellblauem Tuche mit Unterfutter von gleicher Farbe, dann stehendem Kragen und Aermel-Aufschlägen von schwarzem Sammt, bei der sechsten Klasse (Posterpeditoren und Poststallhalter) von schwarzem Tuche. Das Kleid ist mit einer Reihe weißmetallener, mit dem gekrönten Löwen bezeichneter Knöpfe versehen, deren auch drei an jeder Taschenklappe sind. Weiße Beinkleider, hohe über die Beinkleider gehende Stiefel mit silbernen Schnallen-Sporen. Degen mit wei=

ßem Gefäße, dreieckigen Hut mit der bayerischen Cocarde, silberner Schlinge und geprägtem weißen Uniforms-Knopfe, schwarzer Cravatte mit weißem Vorstoße, weiße Handschuhe. Die Rockschöße sind unten zusammengeheftet und in jeder übergeschlagenen Ecke ein Posthorn in Silber gestickt. Die Stickerei auf Kragen und Aufschlägen, die zwei Epauletten mit dem Königlichen Namenszuge, Degengehänge und Hutquasten nach der für jeden Dienstgrad gegebenen besonderen Vorschrift.

Bei vorgeschriebener Hof-Gala haben übrigens auch die Postbeamten gleich den anderen Beamten in kurzen weißen Beinkleidern, seidenen Strümpfen und Schuhen zu erscheinen.

Die bei der Postanstalt bestehenden sechs Dienstklassen unterscheiden sich in der Uniform durch Stickerei, Epauletten, Hutquasten und Degengehänge auf die nachfolgend näher bezeichnete Weise:

Erste Klasse.
(General-Administrator der königlichen Posten.)

Die Stickerei ist auf Kragen, Aufschlägen und Taschenklappen nach der auf einer dem Reglement beigefügten Tafel A. Nro. 1, angegebenen Zeichnung und Breite anzuwenden.

Zwei silberne Epauletten mit Bouillons ohne eingemischte Seide von einer anderen Farbe, oben mit einem goldgekrönten Medaillon von himmelblauem Sammet versehen, worauf der Königl. Namenszug in Silber gestickt ist.

Das Degengehänge von Silber mit Bouillons ohne eingemischte andere Farbe, auf dem platten Knopfe des Degengehänges die weiß und blauen Rauten des bayerischen Wappens angebracht.

Die silbernen Hutquasten mit Bouillons ohne farbige Seide.

Königl. Bayerischer Postbeamter

Zweite Klasse.
(Oberposträthe und Oberpostmeister.)

Die Stickerei ist nach der Tafel A. Nro. 2 angegebenen Zeichnung und Breite, jedoch nur auf Kragen und Aufschlägen anzuwenden; Epauletten, Hutquasten und Degengehänge wie bei der vorigen Klasse.

Dritte Klasse.
(Oberpost-Assessoren, Central-Cassier und Postmeister.)

Die Stickerei auf Kragen und Aufschlägen nach der Zeichnung Tafel A Nro. 3, in Form und Breite. Epauletten, Hutquasten und Degengehänge von Silberfaden ohne Bouillons.

Vierte Klasse.
(Central-Post-Kassa-Controleur, expedirender Secretair, Registratoren und Rechnungs-Commissaire, Ober-Postamts-Kassiere, Spezial-Kassiere fahrender Posten, Briefpost-Controleure und Postverwalter.)

Die Stickerei auf Kragen und Aufschlägen nach der Zeichnung Tafel A. Nro. 4, in Form und Breite. Eine Epaulette mit Franzen von Silberfäden und eine Contre-Epaulette. Das Medaillon mit der Chiffre befindet sich darauf, wie bei den vorigen Epauletten. Degengehänge und Hutquasten von Silberfaden ohne Bouillons und ohne farbige Seide.

Fünfte Klasse.
(Offizialen, Kanzlisten und Oberpost-Amts-Stallmeister.)

Die Stickerei auf Kragen und Aufschlägen nach der Zeichnung Tafel A. Nro 5. in Form und Breite. Zwei silberne Contre-Epauletten mit dem Medaillon ohne Franzen. Degengehänge und Hutquasten wie bei der vorigen Klasse.

Sechste Klasse.
(Postexpeditoren und Poststallhalter.)

Der Kragen und die Aufschläge von schwarzem Tuche sind mit einer einfachen Lisière nach der unter Ziffer 6. Tafel A. angegebenen Breite in Silber zu sticken. Die zwei Contre-Epauletten sind von schwarzem Sammet mit einer einfachen Lisière und dem königl. Namenszuge in Silber gestickt. Das Degengehänge und die Hutschnur von blauer Seide, die Quasten an beiden von Silberfaden.

Die kleine oder Interims-Uniform, welche übrigens nie getragen werden darf, wo der Beamte in Gala zu erscheinen, namentlich derselbe sich Sr. Majestät dem Könige oder Mitgliedern des königlichen Hauses, insbesondere auf Reisen sich zu nahen hat, besteht in einem Uniformsfracke von hellblauer Farbe mit stehendem Kragen und Aermel-Aufschlägen von gleichem Tuche, oder einem Uniform-Ueberrocke von derselben Farbe, nach dem Schnitte, der für das Personal der innern Verwaltung vorgeschrieben ist, mit den für die Gala-Uniform vorgeschriebenen Knöpfen. Auf dem stehenden Kragen der Uniform eine der Stickerei der Gala-

Uniform in Metallfarbe und Zeichnung entsprechende gestickte Litze mit Rücksicht auf die für die Postbeamten festgesetzten sechs Klassen nach verschiedenen Zeichnungen. Eine Schirmmütze von blauem Tuche, worauf sich das Emblem der Postanstalt (ein Posthorn) in Silber gestickt befindet und zwar bei den Beamten der ersten fünf Klassen, d. h. bis zum Offizialen incl., mit der Königs-Krone darüber, ebenfalls in Silber gestickt, während die übrigen Bediensteten die Embleme ohne Krone tragen. Zur Interims-Uniform sind nur passende Beinkleider zu tragen; die Uniforms-Degen und Degengehänge nach allgemeiner Vorschrift.

Uniform der Accessisten und Functionäre.

Die Accessisten und Functionäre tragen die für die Postbeamten im Allgemeinen als Interims-Uniform vorgeschriebene Dienstkleidung, d. h. einen Uniforms-Frack oder Ueberrock von hellblauer Farbe mit weißen Löwenknöpfen, stehendem Kragen und Aufschlägen von gleicher Farbe, jedoch ohne alle Stickerei und nur mit den Epauletten-Litzen versehen. Die vorschriftsmäßige Schirmmütze mit dem Emblem, ohne Krone, in Silber gestickt; die Uniforms-Degen ohne Portepée.

Großherzogl. Baden'scher Postillon

Montur der Großherzoglich Badischen Postillons.

Diese besteht: 1) In einem roth passepoilirten Collet von hellgelbem Tuch, mit Kragen, Aufschlägen, Achselklappen und Unterfutter von scharlachrothem Tuch, vorn mit einer Reihe von neun weißen Knöpfen, rechts zugeknöpft, mit zwei Knöpfen auf den Rücknäthen und einem auf jedem Aermelaufschlag; Kragen und Achselklappen sind mit schmalen silbernen Borten besetzt.

2) In einem gelb und roth gewirkten wollenen Reitgürtel.

3) In weiß ledernen Beinkleidern und Steifstiefeln mit Sporen; im Winter bei schlechter Witterung, Reithosen von dunkelgrauem Tuch mit rothem Passepoil und Besatz von schwarzem Leder.

4) In einem schwarz lackirten Hut mit silberner Borte und Schnalle.

5) In einem Mantel von dunkelgrauem Kirsay mit scharlachrothem gelb passepoilirtem Kragen.

Jeder Postillon hat im Dienst das Posthorn an einer gelb und rothen Schnur mit Quaste über die rechte Schulter zu tragen.

Uniforms-Reglement für die K. K. österreichischen Postbeamten.

Für die K. K. Postbeamten ist
  a. eine Gala-Uniform, dann
  b. eine Campagne-Uniform vorgeschrieben.

a. Die Gala-Uniform hat aus folgenden Stücken zu bestehen:
  1. Einem kurzen Rocke von scharlachrothem Tuche, mit neun gelben Knöpfen vorne, mit stehendem Kragen und Aufschlägen von schwarzem Sammt.
  2. Einem langen Beinkleide von weißem Kasimir oder Tuche.
  3. Einem dreieckigen Hute, mit schwarzer Kokarde, mit einem Knopfe wie auf dem Rocke und mit goldener Hutschlinge von Bouillons.
  4. Die Knöpfe sind mit dem allerhöchsten Namenszuge Sr. Majestät versehen.

5. Die Goldstickerei auf Kragen und Aufschlägen, so wie die Breite der Goldborden an der Seite des Beinkleides bestimmt sich nach Verschiedenheit der Diäten=Klassen.

6. Der Degen ist von vergoldetem Metalle.

7. Die Fußbekleidung besteht in Stiefeln mit Sporen.

b. Zur Campagne=Uniform gehört:

1. Ein bis über das Knie reichender Gehrock von dunkelgrünem Tuche mit zwei Reihen gelber Knöpfe (auf jeder Seite neun Stücke) mit stehendem Kragen und Aufschlägen von scharlachrothem Tuche.

2. Ein über die Stiefel gehendes Beinkleid von gleicher Farbe mit dem Gehrocke; jedoch ist auch gestattet, Beinkleider von schwarzem oder dunkelmohrengrauem Tuche, und in warmer Jahreszeit Beinkleider von lichteren Stoffen zu tragen.

3. Eine Schirmkappe von dunkelgrünem Tuche mit scharlachrother Passe=Poilirung.

4. Auf den gelben Metallknöpfen ist der K. K. Adler, das Posthorn in den Fängen haltend, und ein gleicher, jedoch kleinerer Knopf ist auch auf der Schirmkappe anzubringen.

5. An beiden Ecken des Kragens ist das Posthorn in Gold zu sticken, oder im gelben Metalle aufzunähen; außerdem sind ebenda für die höheren Dienst=Kathegorien vom Oberpostamts=Controleur und Post=Inspector aufwärts ein bis drei goldene Litzen anzubringen.

6. Das Tragen des Degens von gelbem Metalle, dann der Sporen und des vorschriftsmäßigen dreieckigen Hutes ist auch bei der Campagne=Uniform den Postbeamten gestattet.

K. K. Oesterreich'sche Postbeamte

Montur der Kurfürstlich Hessischen Postillons.

Dieselbe besteht aus einem dunkelblauen Kollet mit carmoisinrothem Kragen und dergleichen Passepoils an den Aufschlägen und Achselklappen, carmoisinrothem Besatz auf den Schößen; zwei Reihen weißer Knöpfe mit dem kurhessischen Löwen und einem weißmetallenen Schild mit dem kurhessischen Wappen auf einem carmoisinrothen Tuchstreifen des linken Oberarms. Die Trompetenschnur ist carmoisinroth und weiß, mit zwei dergleichen Trobbeln. Schwarzlackirter Hut mit halbsilberner Tresse und der hessischen Kokarde an der linken Seite, wozu bei Beförderung des Landesherrn und anderer höchster Herrschaften noch ein weißer Federbusch kommt. Die Beinkleider sind von gelbem Leder und werden in die Steifstiefeln getragen. Dunkelgrauer Mantel mit carmoisinrothem Kragen. Dunkelgraue Tuchhosen mit rothem Passepoil dürfen nur bei schlechtem Wetter unterm Mantel getragen werden.

Eine tadellose Aufführung erwirbt dem Postillion nach längerer Dienstzeit das Ehrenzeichen, bestehend in einer silbernen Tresse (Chevron) oberhalb des Aufschlags am linken Arm, womit eine Ehrenbelohnung von 2 Thlr. monatlich verbunden ist.

Kurhessischer Postillon

Uniforms-Reglement für die Königl. Preußischen Post-Beamten.

1850

I. Hof-Postmeister und Ober-Post-Directoren.

Uniforms-Frack: Von dunkelblauem Tuch, nach dem Schnitt der Civil-Uniformen, mit stehendem Kragen und runden Aermelaufschlägen von orangefarbenem Tuch. Eine Reihe vergoldeter Knöpfe mit dem kleinen Wappenschilde (8 Stück). Auf Kragen, Aufschlägen und Taschenpatten die Stickerei in Gold für die 5te Uniformsklasse. Zwei goldene Epaulette der Uniformsklasse No. 5. (mit Franzen). Unterkleider: Von schwarzem Tuche, zu beiden Seiten mit einer goldenen, $7/8$ Zoll breiten Tresse (nicht gemustert) besetzt. Beim Erscheinen am Königlichen Hofe in Gala, weiße Casimir-Beinkleider. Ein Degen mit vergoldetem Gefäß. Portepée von Gold und dunkelblauer Seide. Ein dreieckiger Hut mit der Preußischen Kokarde und einer goldenen Tressenlitze ohne Cordons. Unterhalb der Kokarde eine Bandschleife mit den deutschen Farben.

Interims-Uniform.

Frack, dunkelblau, mit stehendem Kragen und runden Aermelaufschlägen von orangefarbenem Tuche ohne Stickerei. Die innere Seite des Kragens von der Grundfarbe des Rocks. Eine Reihe vergoldeter Knöpfe mit dem kleinen Wappenschilde (8 Stück); auf jedem Aermelaufschlage zwei, und an jeder Taschenpatte zwei Stück. Ueberrock von dunkelblauem Tuche mit stehendem orange Kragen.

Die Aermelaufschläge und die Taschen orange paspoilirt. Die innere Seite des Kragens und der Klappen auf der Brust von der Grundfarbe des Rockes. Zwei Reihen vergoldeter Knöpfe mit dem kleinen Wappenschilde, auf jeder Seite 6 Stück. Epaulette wie oben. Unterbeinkleider, von schwarzem Tuche, ohne Tressenbesatz. Degen und Portepée, wie oben. Hut und Hutverzierung, wie oben. Dienstmütze, von dunkelblauem Tuche nach der Form der Militairmützen, mit orangefarbenem Vorstoß und Streifen, vorn mit der Preußischen und der Deutschen Kokarde.

II. Post=Directoren, Postmeister und Post=Inspectoren.

Uniformsfrack. Wie ad I. mit der Stickerei für die 6te Uniformsklasse. Epaulette: Zwei goldene Contreepaulette mit goldenem Felde und dem Wappenschilde. Unterkleider, Degen und Portepée, Hut und Hutverzierung, wie ad I.

Interims=Uniform.

Frack und Ueberrock, wie ad I. Contreepaulette, wie vorstehend. Unterkleider, Degen und Portepée, Hut und Hutverzierung, Dienstmütze, wie ad I.

III. Ober=Postcommissarien, Hof=Postsecretaire, Ober=Postsecretaire und Postcommissarien.

Uniformsfrack. Wie ad I. mit der Stickerei für die 7te Uniformsklasse. Epaulette, zwei goldene Contreepaulette mit orangefarbenem Felde und dem Wappenschilde. Unterkleider, Degen und Portepée, Hut und Hutverzierung, wie ad I.

Interims-Uniform.

Frack und Ueberrock, wie ad I. Contreepaulette mit orangefarbenem Felde, wie vorstehend. Unterkleider, Degen und Portepée, Hut und Hutverzierung, Dienstmütze, wie ad I.

IV. Postverwalter und Postsecretaire.

Uniformsfrack. Von dunkelblauem Tuche nach dem Schnitt der Civiluniformen, mit stehendem Kragen und runden Aermelaufschlägen von orangefarbenem Tuch, ohne Stickerei. Die innere Seite des Kragens von der Grundfarbe des Rockes. Eine Reihe vergoldeter Knöpfe mit dem kleinen Wappenschilde (8 Stück), auf jedem Aermelaufschlag zwei und an jeder Taschenpatte 2 Stück. Epaulette, zwei goldene Contreepaulette mit orangefarbenem Felde und dem Wappenschilde. Unterkleider, Degen und Portepée, Hut und Hutverzierung, wie ad I.

Interims-Uniform.

Ueberrock, wie ad I. Contreepaulette (mit orangefarbenem Felde), wie vorstehend. Unterkleider, Degen und Portepée, Hut und Hutverzierung, Dienstmütze, wie ad I.

Anmerkung. Die Postverwalter, welche den Titel Ober-Postsecretair oder Postcommissarius führen, tragen die Uniform ad **III**.

V. Postschreiber.

Uniformsfrack. Wie ad IV. (ohne Epaulette). Unterkleider, Degen und Portepée, Hut und Hutverzierung, wie ad I.

Königl. Preuss. Postbeamter

Interims-Uniform.

Ueberrock (ohne Epaulette), Unterkleider, Degen und Portepé, Hut und Hutverzierung, Dienstmütze, wie ad I.

VI. Postexpediteure.

Uniformsfrack, wie ad IV. Epauletten, zwei goldene Contreepaulette mit dunkelblauem Felde und dem Wappenschilde. Unterkleider. Von schwarzem Tuche, ohne Tressenbesatz. Degen und Portepée, Hut und Hutverzierung, wie ad I.

Interims-Uniform.

Ueberrock, wie ad I. Contreepaulette (mit dunkelblauem Felde), wie vorstehend. Unterkleider, Degen und Portepée, Hut und Hutverzierung, Dienstmütze, wie ad I.

VII. Briefsammler und Post-Expeditionsgehülfen.

Ueberrock. Von dunkelblauem Tuche mit stehendem orangefarbenen Kragen. Die inneren Seiten des Kragens und der Klappen auf der Brust von der Grundfarbe des Rocks. Die Aermel-Aufschläge und die Taschen orange paspoilirt. Zwei Reihen vergoldeter Knöpfe mit dem kleinen Wappenschilde, auf jeder Seite sechs Stück. Unterkleider, von schwarzem Tuch. Dienstmütze, von dunkelblauem Tuch nach der Form der Militairmützen mit orangefarbenem Vorstoß und Streifen, vorn mit der Preußischen und Deutschen Kokarde.

Königl. Preuss. Postillon

Montur der Königl. Preuß. Postillons.

Die Montur der Königl. Preuß. Postillons besteht in: 1. Schwarzlakirtem Hut (mit preuß. und deutscher Kokarde und bei Beförderung Allerhöchster und Höchster Königlicher und Fürstl. Personen mit Federbusch versehen). 2. Dunkelblauer Reitjacke mit gelben Knöpfen, der Kragen und die Aermelaufschläge so wie die Schulterklappen orange. 3. Orange Schärpe. 4. Weißen, ledernen Beinkleidern und Handschuhen. 5. Hohen Stiefeln mit Anschnallsporen. 6. Trompete mit schwarz-weißer Hornschnur. 7. Blauen Mantel mit orange Kragen (darf jedoch nur bei strenger Kälte oder heftigem Regenwetter benutzt werden. 7. Eine hellgrüne Peitsche mit lederner Geißel.

Außerdem sollen die Postillons noch zum gewöhnlichen Gebrauche haben: eine blautuchene Uniformsmütze mit orange Streifen, eine graue Stalljacke mit orange Besatz, graue lederbesetzte Tuchhosen, orange paspoilirt (im Sommer von weißem Leinen), kurze Stiefeln mit Anschnallsporen.

Die Monturungsstücke werden in große, welche für die kontraktlich zu unterhaltende Postillone dem Posthalter für Rechnung der Postcasse geliefert werden und in kleine, die von den Postillonen selbst angeschafft werden, eingetheilt. Sie sind zum Tragen im Dienste bestimmt, doch dürfen die Postillone sie auch außer dem Dienste tragen, nie aber bei Verrichtung von Privatfuhren anlegen. Ein Eigenthums-Anspruch auf die kontraktlich gelieferten Monturungsstücke steht den Postillonen nicht zu; Ehren-Trompeten

und Ehren-Treſſen, welche den beſten Bläſern und lange untadel=
haft gedienten Poſtillons bewilligt werden, ſind Eigenthum der=
ſelben; mit letztern iſt zugleich ein Geſchenk oder eine monatliche
Unterſtützung aus der Poſtcaſſe verbunden! —

Uniform
der
Fürſtlich Thurn und Taxis'ſchen Poſt-Beam= ten in dem Sächſiſchen Poſtdiſtricte.*)

I. **Die Dienſtkleidung der definitiv angeſtell= ten Poſtbeamten**
beſteht in einer **Staats-** (**Galla-**) und in einer bei den tägli=
chen Verrichtungen zu tragenden (**Interims-**) Uniform.

Die **Galla-Uniform** iſt bei beſonders feierlichen Gele=
genheiten von den Vorſtänden der Poſterpeditons-Stellen und von
den Poſtſtallhaltern zu tragen; den übrigen definitiv angeſtellten Poſt=
beamten iſt das Tragen derſelben, unter den weiter unten näher
zu beſtimmenden Modificationen, nur geſtattet. Die **Inte= rims-Uniform** dagegen muß von allen wirklich angeſtellten
Poſtbeamten nicht allein im Büreaudienſte, ſondern auch bei allen

---

*) Dazu gehören: Weimar-Eiſenach, Coburg-Gotha, Meiningen, Hildburg-
hauſen, Schwarzburg-Rudolſtadt und die Reußiſchen Länder.

sonstigen dienstlichen Verrichtungen, welche mit dem Publikum in Berührung setzen, getragen werden.

A. Die Galla-Uniform

besteht in folgenden Stücken:

1) Für die Vorstände solcher Postämter, bei welchen außer diesen, noch ein oder mehrere Expeditionsbeamte angestellt sind oder verwendet werden, aus

a) einem dunkelblauen Uniformsfrack, mit stehendem, vorn schief ausgeschnittenem Kragen und Aermelaufschlägen von citrongelbem Tuche; vorne eine Reihe von neun weiß-metallnen Knöpfen, auf welchen das Landesherrliche und darunter in kleinerer Form das Fürstlich Thurn und Taris'sche Wappen ausgeprägt ist; unter jeder Taschenklappe drei solche Knöpfe und zwei auf dem Rücken an der Taille. Auf dem Vereinigungspunkte des aufgenäheten gelben Tuchumschlages am Ende des Schooßes ist ein in Silber gesticktes Posthorn anzubringen, Kragen und Aufschläge sind mit breiter Silberstickerei nach dem vorgeschriebenen Muster zu versehen; auf jedem Aermelaufschlage befinden sich drei Knöpfe von der bezeichneten Art, in kleinerer Form;

b) schwarzer Halsbinde;

c) langen Beinkleidern von dunkelblauem Tuche, mit Stegen, an den Seiten gelb vorgestoßen (passe-poile). Bei besonders feierlichen Gelegenheiten lange weiße Casimir-Beinkleider. Stiefel mit Anschraubsporn von weißem Metall.

d) dreieckigem Hute mit landesfarbiger Kokarde, breiter silberner Schleife und silbernen Cordons.

Fürstlich Thurn und Taxis'scher Postbeamter
im Herzogthum Sachsen-Coburg-Gotha

e) Civildegen mit Garnitur, Bügel und Stichplatte von weißem Metalle, Griff von Perlmutter, Degenscheide von schwarzlackirtem Leder unten mit einer Spitze von weißem Metalle, silberner Degenquaste, Degenkuppel unter der Weste zu tragen, der untere hervorstehene Theil von schwarzlackirtem Leder.

2) Für **Postsecretaire, Postverwalter, Postexpeditoren** und **Postcollectoren** bleiben die unter 1) vorgezeichneten Uniformstücke, nur ist die Stickerei auf Kragen und Aermelaufschlägen schmäler und nach dem vorgezeichneten Muster in Silber auszuführen.

3) Für **Poststallhalter**:
a) Frack wie unter Nr. 1, nur mit dem Unterschiede, daß statt der vorerwähnten Stickerei auf dem Kragen und den Aermelaufschlägen, am vorderen Ende des Kragens ein in Silber gesticktes Posthorn anzubringen ist.
b) Hut und Halsbinde wie sub. 1.
c) Weiße, eng anschließende Pantalons von Casimir, in hohen Reitstiefeln, mit Anschnallsporn.
d) Statt des Degens ein Schleppsäbel in einer Scheide von weißem polirten Metall, mit silberner Säbelquaste und Kuppel von weißem Glanzleder.

B. Interims-Uniform.

1) Für **Vorstände** solcher Postämter, bei welchen noch ein oder mehrere Expeditionsbeamte angestellt sind oder verwendet werden:

a) dunkelblauer, bis an die Kniee reichender Oberrock mit Aufschlägen von demselben Tuche, stehendem citrongelbem Kragen und gleichem Vorstoße (passe-poile) an den Längenkanten, Aufschlägen und Revers, vorn mit zwei Reihen von je sechs weiß-metallnen Wappenknöpfen, zwei dergleichen in der Taille, einem dergleichen an jeder Rockfalte und drei kleineren an jedem Aermelaufschlage. Silberne Listere am Kragen.

b) Blautuchene Dienstmütze mit schwarzlackirtem Schilde, gelbem Vorstoße und einem Posthörnchen von Silber (oder Argentan) unter der Landeskokarde.

c) Lange Beinkleider von dunkelblauem oder dunkelgrauem Tuche, an deren Stelle im Sommer auch weiße und Nankin- ꝛc. Beinkleider getragen werden dürfen.

2) Für Postsecretaire, Postverwalter, Postexpeditoren und Postcollectoren, wie sub B 1, nur ohne Listere am Kragen.

3) Für Poststallhalter, wie sub 2.

Wird zu dieser Interims-Uniform von den unter B. 1, 2 und 3 genannten Beamten der Uniform-Hut getragen, so ist dazu auch der Uniform-Degen, bezüglich Säbel anzulegen.

II. **Dienstkleidung der in widerruflicher Eigenschaft verwendeten Beamten.**

Accessisten, Practikanten, Diurnisten und Privatpostschreiber müssen, so oft sie vermöge ihrer Functionen mit dem Publikum in Berührung kommen, die unter I. B. 1 a — c bezeichneten

Uniformstücke tragen, jedoch ohne Lisière und ohne Wappenknöpfe, an deren Stelle glatte weiß=metallne Knöpfe von derselben Größe treten. Statt der Landeskokarde führen sie an der Dienstmütze nur ein weiß=metallnes Posthörnchen. Andere Praktikanten 2c. dürfen diese Uniform tragen.

Montur
der
Schleswig=Holsteinschen Postillons.

Die Schleswig=Holsteinschen Postillons tragen einen Waffen= rock von dunkelblauem Tuche mit einer Reihe Wappenknöpfe, 9 Stück, und mit blauen orangepaspoilirten Achselklappen, darauf ein orangefarbenes Posthorn; einen schwarzlackirten Hut mit dem deutschen Adler, goldenem Bande, der National= und Landes=Ko= karde; eine schwarz=roth=gelbe Posthornschnur mit Quästen über der rechten Schulter, die Hornschnur unter der Achselklappe ange= knüpft; Beinkleider von dunkelgrauem Tuche, orangefarbig pas= poilirt, eine schwarze Halsbinde, eine Mütze von dunkelblauem Tuche nach der Form der Militairmützen mit orangefarbigem Vor= stoß und Streifen, vorne mit den Kokarden. Bei allen Postbeför= derungen, ordinairen oder extra, trägt der Postillon den Hut und nicht die Mütze. Im Winter und bei schlechtem Wetter tragen die Postillons Mäntel von dunkelgrauem Tuche, gelb gefüttert, mit Ueberfallkragen; die äußere Seite des Stehkragens von orange= farbenem Tuche. Hat der Postillon den Mantel übergezogen, so ist auch die Hornschnur über den Mantel zu hängen.

Schleswig-Holstein'scher Postillon

Uniform
der
Kurfürstlich Hessischen Postbeamten.

A. Die verordnete große Uniform der Post-Beamten
besteht in dunkelblauem Frackrocke mit karmoisinrothem Kragen und Aufschlägen von Tuch, aufgeschlagenen Rockschleppen mit karmoisinrothem Vorstoß, weißen silbernen Uniformsknöpfen mit dem Kurhessischen Löwen im Wappenschild, und darüber befindlicher Königskrone mit der Umschrift: „Kurfürliche Post," silberner Stickerei, blau und goldnen Hutcordons, dergleichen Portepée, silberner Hut-Agraffe und weißen Beinkleidern; zu Pferde sind jedoch graue Pantalons zu tragen.

Rücksichtlich der Stickerei sind folgende Abtheilungen festgesetzt:

1. Abtheilung, 3 Zoll breit mit einfachem Saum auf Kragen, Aufschlägen, Taschen und Kapelle für die Oberposträthe und Posträthe;

2. Abtheilung, 3 Zoll breit mit einfachem Saum auf Kragen und Aufschlägen für die Oberpostmeister, Oberpostcommissaire, Postcommissaire, den Oberpostamtscassirer und Kassencontroleur.

3. Abtheilung, 1½ Zoll breit mit einfachem Saum um Kragen und Aufschläge für die Postmeister, Postsecretaire, und Postassistenten.

Kurhessische Postbeamte

Coburg-Gotha'scher Postillon

4. Abtheilung, 1 Zoll breit mit einfachem Saum um Kragen und Aufschläge für die Postverwalter, Posterpeditoren und Post= halter. —

B. Die Interims=Uniform für Postbeamte im Dienst

besteht in einem dunkelblauen übergeklappten Frack= oder Oberrock mit karmoisinrothem Kragen und den oben sub A. bezeichneten aber bloß weißen Uniformsknöpfen, grauen langen Beinkleidern ohne Besetzung nach Willkühr in oder über die Stiefeln. Das Tragen von Passanten von Silber ꝛc. ist ausdrücklich verboten. —

Montur
der
Sachsen Coburg=Gotha'schen Postillons.

Die Sachsen Coburg=Gotha'schen Postillons tragen ein dun= kelblaues Kollet mit gelbem Kragen, Aufschlägen und Vorstößen, weißen Metallknöpfen mit dem Posthörnchen und die landesfarbige Binde um den linken Arm mit weißem Metallschilde, auf welchem das Landesherrliche und darunter in kleinerer Form das Fürstlich Thurn und Taris'sche Wappen befindlich ist; einen schwarzlackirten Hut mit landesfarbigem Federbusche, ein Posthorn (Trompete) mit Hornschnur und Quasten von der Landesfarbe. Die gelben leder= nen Beinkleider werden in die Steifstiefel mit Anschnallsporen ge= tragen. Die zu ausnahmsweisem Gebrauche bei üblem Wetter ge= statteten dunkeln Tuchhosen mit Lederbesatz erhalten an den äuße= ren Seitennäthen einen gelben Vorstoß. Die Mäntel sind von dunkelblauem oder dunkelgrauem Tuche mit gelbem Kragen.

Ein Postraub.

Unter den Verbrechen, die alljährlich die Thätigkeit unserer Gerichtshöfe in Anspruch nehmen, ist in der neueren Zeit, in Folge der in Deutschland verbesserten Sicherheitspolizei, wohl keines seltener geworden, als die auf offener Landstraße mit bewaffneter Hand vollzogene Beraubung eines Postwagens, daher die actengetreue Erzählung eines solchen, im Jahre 1821 im Herzogthum Braunschweig mit unerhörter Frechheit verübten Frevels nicht uninteressant sein wird.

Am 28. Juni des gedachten Jahres traf Abends nach 7 Uhr der von Nordhausen kommende bedeckte Postwagen in Blankenburg ein, und fuhr nach Verlauf der für die Expedition desselben festgesetzten Zeit von zwei Stunden, Abends 9½ Uhr, bei schöner, heller Sommernacht von Blankenburg wieder ab, um seine Tour über Hessen nach Braunschweig weiter fortzusetzen.

Im Wagen befanden sich nur zwei Reisende, von denen der eine, ein junger Oekonom, Kr —, in Blankenburg auf dem Postamte eingeschrieben, der andere dagegen, Schneidermeister F — aus Blankenburg, vor dem Thore der Stadt auf seine Bitten vom Schirrmeister als sogenannter blinder Passagier mitgenommen war. Außer diesen beiden, völlig unverdächtigen Personen und dem als Schaffner der Post beigegebenen Schirrmeister D — befand sich

Niemand im Wagen, welcher, mit vier Pferden bespannt, durch den Postillon B — vom Vorderpferde ab gefahren wurde. Außerdem führte die Post, außer dem Briefbeutel und mehren gewöhnlichen Effecten, einige tausend Thaler Geld in verschiedenen Münzsorten, die, in verschiedene Packete getheilt, an einige Privatpersonen in Braunschweig adressirt waren. Die von den Gesetzen für den Fall, wenn bedeutende Geldsendungen durch die Post beschafft werden, vorgeschriebene Escorte begleitete den Wagen nicht, indem die Blankenburger Postbehörde die Sicherheitspolizei nicht in der vorschriftsmäßigen Form darum ersucht hatte. Eine zweite gesetzliche Vorschrift, daß der Schirrmeister mit Waffen (Seitengewehr oder Pistolen) versehen sein solle, war ebenfalls nicht befolgt. Aus diesem letztern Umstande konnte aber dem Schirrmeister oder dessen Vorgesetzten um so weniger ein Vorwurf gemacht werden, als das betreffende Gesetz unter einer früheren Regierung erlassen, und unter der westphälischen Verwaltung längst in Vergessenheit gekommen war.

Von Blankenburg führt der Weg durch eine offene Gegend. Etwa eine Stunde von Blankenburg entfernt, in der Nähe des Regensteins und unfern des sogenannten Pfeifenkruges, senkt sich die Straße nach dem Birkenthale zu abwärts. Hier hatte der Postwagen eben die Stelle erreicht, wo ein vom Kloster Michaelstein nach dem Mühlenthale unter dem Regenstein führender Weg die Straße quer durchschneidet, als drei fremde Kerle, die hinter einer Erderhöhung versteckt gewesen waren, plötzlich auf der linken Seite des Wagens erschienen und dem Postillon brüllend: Halt! zuschrieen. Dieser, ein herzhafter, entschlossener Mann, wollte weiterfahren, aber die Kerle verhinderten ihn daran, indem zwei von ihnen unter nochmaligem Rufen den Pferden in die Zügel fielen. Kaum war dieses geschehen, so machten die Räuber auch schon den Versuch, den Wagen von der Heerstraße abzulenken und in das entlegene Mühlenthal zu fahren. Ihr Vorhaben mißlang jedoch wegen der hohen Ufer des Weges, und sie befahlen nun dem Postillon, umzulenken. Dieser, der bis jetzt fortwährend um Hilfe gerufen hatte, weigerte sich aber und stellte vor, „es sei unmöglich, dort hinzufahren, da er mit dem Wagen nicht umbiegen könne, weil derselbe bergab stehe." Auf diese Weigerung antworteten die Räuber durch die empörendsten Gewaltthaten. Einer von ihnen, der das Sattelpferd ergriffen hatte, schlug mit einer Stange, an deren oberem Theile ein spitziges Instrument befestigt war, den Postillon mehre Male sehr stark über die rechte Schulter und versetzte demselben mit seiner Pike zwei Stiche in den Rücken, so daß der Verwundete laut aufschrie. An Widerstand war nicht zu denken, denn zwei der Räuber waren mit Piken bewaffnet, und alle drei trugen Schießgewehre, mit denen sie unaufhörlich drohten, der eine eine Pistole, die beiden andern kürzere Terzerole.

Der Postillon, der mit dem schweren, festgefahrenen Wagen unmöglich davonjagen konnte, ergab sich daher in sein Schicksal und stieg vom Pferde, indem er sagte, „er könne dem Verlangen, in das Holz zu fahren, nur dann entsprechen, wenn es ihm gestattet werde, die Vorderpferde auszuhängen und hinten an den Wagen zu spannen." Die Räuber nahmen diesen Vorschlag, der sie wirklich allein zum Ziele führen konnte, bereitwillig an. Die Willfährigkeit des Postillons schien ihre Brutalität vermindert zu haben, wahrscheinlich hatten sie auch von Anfang an nur schrecken, nicht ernstlich verwunden wollen. So begleitete denn nur einer der

Kerle, freilich mit geschwungenem Messer und vorgehaltener Pistole, den Postillon, der sich mit den Vorderpferden hinter den Wagen begab. „In's Holz fährst," sagte der Räuber dabei mit abgebrochenen, nach Franzosen-Manier ausgesprochenen Worten „nichts thun, sonst kaput!"

In dieser bedrohlichen Lage hatte der Postillon Geistesgegenwart genug, einen Plan zu entwerfen, durch den er wahrscheinlicher Weise gerettet werden konnte. Zu diesem Zwecke bat er den Räuber mit angenommener Treuherzigkeit, er möge ihm helfen und die Pferde in die kleine Kette hängen, damit der Wagen, den er ja gern in das Holz fahren wolle, zurückgebracht werden könne. Der Räuber sah in der Erfüllung dieses Verlangens nichts Verfängliches und ließ sich vom Postillon zeigen, wie er bei dem Einhängen des Geschirrs zu verfahren habe. Kaum hatte er sich aber gebückt, um sein Geschäft zu beginnen, als der Knecht sich schnell auf ein Pferd warf und mit den Thieren davonsprengte. Vergebens suchte der Andere Geschirr und Pferde festzuhalten. Eine kleine Strecke lief er mit den Strängen in der Hand mit, dann stürzte er aber und mußte, um nicht geschleift zu werden, das Geschirr nothgedrungen fahren lassen.

In der Zwischenzeit hatten die beiden anderen Kerle sich dem Wagen genähert. Sie stiegen auf den Kutschentritt und fragten mit vorgehaltenen Piken und Terzerolen: „Wer ist auf dem Wagen? Wo ist unser Geld? Wir wollen es wiederhaben." Der Schirrmeister nannte sogleich die Namen der beiden Reisenden, erklärte jedoch, die Post führe kein Geld. Nochmals wurde das gebieterische Verlangen nach Geld wiederholt, jedoch abermals ohne Erfolg, und zugleich die Drohung ausgestoßen, daß Jeder, der

Lärm machen werde, sein Leben verlieren solle. Als der Schirrmeister auch jetzt noch unbeweglich blieb, schritten die Räuber zu Gewaltthätigkeiten. „Gieb ihm Eins, wenn er sich nicht fügen will," sagte der eine Kerl, und sogleich stieß der Andere mit der Pike in den Wagen und verwundete den Schirrmeister im linken Oberschenkel. Dann erhielt der Passagier Kr— die Weisung, von dem zweiten Sitze, den er eingenommen hatte, nach vorn zu steigen, und der Schirrmeister wurde mit vorgehaltenem Terzerol gezwungen, die Postlade aufzuschließen. Der Verwundete gehorchte, jedoch nur langsam, um wo möglich Zeit zu gewinnen. Dabei erklärte er wiederholt, es sei nur wenig Geld vorhanden; aber die Räuber glaubten ihm nicht und forderten bei jedem Packete, das ihnen einzeln hinausgereicht wurde, drohend „mehr von ihrem Gelde, das sie wiederhaben wollten." So erhielten sie nach und nach vier Packete, zusammen 1607 Thaler in verschiedenen Münzsorten enthaltend. Einen Briefbeutel, den der Schirrmeister, um Zeit zu gewinnen, übergab, wiesen sie zurück. Unterdessen war der dritte Räuber, der den Postillon hatte entwischen lassen, zurückgekommen, und das Rufen nach Geld wurde immer heftiger. Der Schirrmeister sah sich jetzt genöthigt, den Blankenburger ledernen Briefbeutel, in dem eine Summe Geldes in Gold befindlich war, ebenfalls auszuliefern. Obgleich er aber erklärte, es sei nichts darin, als Briefe, so wiesen die Räuber diesen Briefbeutel dennoch nicht wie den ersten zurück, sondern legten ihn auf den hohen Rand des Ufers zu den übrigen Geldpacketen.

Jetzt war angeblich Alles abgeliefert, aber die Räuber wollten sich selbst überzeugen. Einer von ihnen stieg zu diesem Zwecke in den Wagen, zum tödtlichsten Schrecken des armen Schneiders, der bebend um sein Leben bat, und tastete überall umher, ohne etwas zu finden. Nach dieser oberflächlichen Untersuchung, die bei größerer Sorgfalt ein anderes Resultat ergeben haben würde, da allerdings nicht Alles ausgeliefert war, hielten die Räuber für gerathen, sich zu entfernen. Die Passagiere erhielten die gemessene Weisung, sich ruhig zu verhalten, und dann gingen die drei Kerle langsamen Schrittes dem Regensteine zu und verschwanden im Mühlthale.

Der Postillon, der seine Pferde zum vollsten Lauf angetrieben hatte, war bereits um 11 Uhr Nachts in Blankenburg eingetroffen. Hier hatte er den ersten Postbeamten geweckt, der auch sogleich mit zwei Gerichtspersonen, einem Wundarzt und dem in Blankenburg stationirenden Polizeimilitair aufgebrochen war. Als der kleine Zug an dem Orte des Verbrechens ankam, fand er den Postwagen noch in derselben Lage mit dem Schirrmeister und dem eingeschriebenen Passagier, Schneidermeister F— hatte sich unmittelbar nach den Räubern entfernt, um Hülfe zu holen.

Die Untersuchung der Gegend, zu der man gerichtsseitig sofort schritt, lieferte nur ungenügende Resultate. Die Spur der Räuber war in dem waldigen Terrain nicht zu verfolgen; zurückgelassen hatten sie nichts, als eine buchene Stange, die an dem oberen Ende eingespalten und mit einem Stricke umwunden, und einen langen Stab von Birkenholz, der auf dieselbe Weise präparirt war. Auch entdeckte man neben dem Kreuzwege, wo die Beraubung geschehen war, in einem Kornfelde einen großen Lagerplatz, der dem Anschein nach durch mehre Menschen, die sich dort niedergelegt hatten, entstanden war. Die Vernehmung der bei dem Raubanfalle gegenwärtig gewesenen Personen gab ebenfalls kein befriebigendes Resultat, indem die Betheiligten in ihrer Aufregung die Räuber nicht genau genug hatten beobachten können. Die übereinstimmenden Aussagen ergaben folgendes Signalement: Der eine Kerl, der sich das Gesicht gelb und schwarz gefärbt hatte und einen Schnurrbart (ob wirklich, oder nur gemalt, war nicht zu unterscheiden) trug, war anscheinend über vierzig Jahr alt, von großer Statur und starkem Körperbau. Bekleidet war derselbe mit einer Mütze ohne Schirm, einer dunkelfarbigen tuchenen Jacke ohne Schöße und einem Beinkleide von derselben Farbe, das über die Stiefeln ging. Der zweite Räuber, dessen Gesicht ebenfalls schwarz gefärbt war, zeichnete sich durch eine längliche, etwas gebogene Nase aus. Seine Kleidung bestand in einer hellgrauen oder grünen tuchenen Jacke mit langen Schößen und einem Beinkleide von ähnlicher Farbe. Um die Jacke war ein Strick geschlungen, in dem eine Pistole steckte. Auf dem Kopfe trug derselbe eine sogenannte Bergmannsmütze (graue Tuchmütze mit Schirm und einer Verbrämung von Krimmer), an welcher ein grüner Zweig befestigt war. Der dritte trug einen kurzen, bis zum Gürtel gehenden Kittel von ungebleichter Leinwand. Weiter konnte von ihm nichts angegeben werden, als daß er mittlerer Größe war. Alle drei Räuber sprachen hochdeutsch, in einem in dortiger Gegend nicht ungebräuchlichen Dialecte.

Die Frechheit, mit der das Verbrechen verübt war, forderte zur strengsten Untersuchung auf. Das betreffende Gericht setzte sich auch sofort mit sämmtlichen Polizeibehörden in Verbindung, und die Landesregierung sicherte demjenigen, der eine solche Kunde zu geben vermöchte, daß die Räuber zur Untersuchung und Strafe gezogen werden könnten, eine Belohnung von zweihundert Thalern.

Die Stadt Blankenburg war in jener Zeit der Sitz eines lebhaften Schmuggelhandels, der über die preußische Grenze nach dem benachbarten Halberstadt getrieben wurde. Es war nichts Seltenes, daß Banden von vierzig, funfzig Schmugglern (sogenannte Packenträger) mit Waaren auf den Rücken, von Blankenburg auszogen und in der Nacht die Grenze auf Schleichwegen überschritten. Auf diese Menschen, die durch ihr trauriges Gewerbe an Verletzung der Gesetze und Gewaltthätigkeiten jeder Art gewöhnt waren, lenkte sich der Verdacht zuerst. Man wußte außerdem durch die Anzeige zweier Einwohner des Ortes Derenburg, daß in derselben Nacht, in der die Beraubung des Postwagens geschehen, zwei Haufen Contrebandeurs in der Nähe des Regensteins vorbeigezogen waren. Um diese Spur weiter zu verfolgen, wurde ein Verzeichniß aller am Tage des Verbrechens in Blankenburg bemerkten Schmuggler aufgenommen, und an die preußischen Behörden das Ersuchen gestellt, die in den jenseitigen Gebietstheilen ansässigen Contrebandeurs genau beobachten zu wollen. Es ergab sich jedoch kein Grund zum Verdacht gegen einzelne dieser Personen, und eine Anzeige, die ein Lieutenant v. K— machte, daß der Wirth zu — bei dem Postanfalle thätig gewesen zu sein scheine, indem derselbe am Tage des Verbrechens in Blankenburg gesehen sei, eine auffallend frühe Kenntniß des Vorfalls verrathen habe, auch mit einer Pistole versehen sei u. s. w., ergab sich ebenfalls als völlig unbegründet. Eine zweite Denunciation schien anfänglich auf die richtige Spur der Thäter zu leiten. Am Pfingstfeste hatten sich in dem Dorfe Melverode vor Braunschweig drei angebliche Fleischergesellen gezeigt, die mit den Bauerburschen viel Geld verzehrten, goldene Uhren sehen ließen und sich dadurch verdächtig machten, daß sie den Wirth eines vor dem Thore der Stadt liegenden Wirthshauses ersuchten, er möchte sie „incognito" beherbergen. Die Behörde wurde auf diese Leute um so aufmerksamer, als das Signalement der Posträuber so ziemlich auf dieselben paßte. Auch diese Spur verlor sich jedoch wieder, und fast schien es, als solle die verwegene That ein ewiger Schleier bedecken.

Da verbreitete sich etwa ein Jahr später das Gerücht, in der Nähe von Erfurt sei ein neuer Postraub vorgefallen, und die Thäther seien in den Händen der Gerichte. Da es nun möglich war, daß die Erfurter Räuber auch bei der Plünderung der Blankenburger Post thätig gewesen sein konnten, so setzte das untersuchende Gericht sich mit der betreffenden preußischen Criminalbehörde in Correspondenz, und es ergab sich wirklich, daß diese Vermuthung richtig gewesen war.

Am 25. April 1822 war der von Erfurt abgegangene Berliner Postwagen Nachts zwischen 10 und 11 Uhr in der Nähe der Stadt von vier Kerlen angefallen und beraubt. Dieses Mal war es den Räubern jedoch nicht geglückt, zu entkommen, vielmehr waren sie schon nach zwei Tagen entdeckt und verhaftet. Zwei der Verhafteten, der Glasermeister Heinrich Leibling aus Nordhausen, und der Buchdrucker Ernst Leuthardt, aus Baireuth gebürtig und zuletzt in Erfurt wohnhaft, gestanden während der Untersuchung, in der Nacht vom 18. zum 19. Juni den Blankenburger Postwagen unter dem Regensteine überfallen und beraubt zu haben. Als das Gericht die Untersuchung sofort auch auf diesen Raub ausdehnte, nannten sie als dritten Theilnehmer den vormaligen Apotheker (zuletzt Papierdrucker) Liebetruth zu Nordhausen, der bereits wegen angeblicher Theilnahme an andern Posträubereien in das Erfurter Gefängniß abgeliefert war.

Aus den übereinstimmenden Angaben der drei Inculpaten, die keine weiteren Mitschuldigen gehabt hatten, ergab sich der folgende Thatbestand: Sie hatten schon früher, am 21. Juni, die Beraubung der Post beabsichtigt, und waren zu diesem Zwecke unter dem Regensteine versammelt gewesen. Leibling zeigte sich gegen Abend in dem Blankenburger Posthause und erkundigte sich, wann die Post nach Braunschweig abgehe. Zugleich meldete er sich als Passagier, entfernte sich jedoch später, indem er erklärte, seine Familie sei noch nicht angekommen, und nur, wenn diese frühzeitig eintreffe, könne er mitfahren. Diese Erklärung hatte ihren Grund darin, daß Leibling das Unternehmen aufgegeben hatte, weil er sich zu sehr bloszustellen fürchtete. Der Plan der Räuber war nämlich folgender gewesen: Leibling sollte sich in Blankenburg einschreiben lassen, auch wirklich mitfahren und seinen Platz so nahe als möglich neben dem Schirrmeister wählen. Diesen hatte er dann durch Brantwein, der in den Opium gemischt war, einzuschläfern. Mißlang dies, so konnte Leibling den Schirrmeister wenigstens an kräftiger Gegenwehr verhindern, während der Anfall geschah.

Nachdem er seinen Vorsatz aufgegeben hatte, ging Leibling zu seinen unter dem Regenstein lauernden Gefährten zurück und setzte sie von seiner Sinnesänderung in Kenntniß. Man kam nun überein, den Plan keineswegs aufzugeben, sondern die Ausführung nur auf einen andern Tag zu verschieben, und nach dieser Verabredung begaben sich alle Drei nach Blankenburg zurück, wo sie in dem P—schen Gasthofe am Markte übernachteten. Auf dem Rückwege waren sie dem Postwagen begegnet, ohne denselben zu beunruhigen.

Am folgenden Tage begaben sie sich abermals unter den Regenstein zurück. Die Stelle, die sie zum Angriffe wählten, hatten sie schon lange zuvor als die passendste ausgewählt. Hier warteten sie auf die Ankunft des Postwagens, dessen Eintreffen in Blankenburg sie leicht nach dem ihnen bekannten Abgange desselben aus Nordhausen berechnen konnten. Alle drei Räuber behaupteten übrigens einstimmig, sie hätten nicht gewußt, daß der Wagen ohne Escorte sein werde, und in den Acten lag kein Grund vor, der diese Angabe verdächtig gemacht hätte. Die weitere Ausführung des Verbrechens ist bereits oben mitgetheilt.

Das Urtheil, welches das preußische Oberlandesgericht zu Naumburg am 22. Juni 1823 über die Räuber fällte, umfaßte mehre Verbrechen derselben, und lautete in Beziehung auf alle Drei übereinstimmend, daß sie wegen mehrfach verübter Straßenräubereien in Banden zu Staupenschlag, Brandmarkung und lebenslänglicher Festungsarbeit zu verurtheilen seien. Eine weitere Vertheidigung erwirkte in zweiter Instanz keine Milderung, jedoch wurden den Verbrechern bei der königlichen Bestätigung der Strafe Staupenschlag und Brandmarkung erlassen.

Nach den Vorschriften der Gesetze würden die Verbrecher auch zur Erstattung des geraubten Gutes verbunden gewesen sein. Zwei von ihnen waren jedoch gänzlich mittellos und besaßen nur unbedeutende Mobilien und die gewöhnlichsten Kleidungsstücke. Der Dritte, dessen Vermögen übrigens überschuldet war, besaß dagegen noch einige Activa, und unter diesen namentlich eine Obligation von 500 Thlr. Diese war im August des Jahres

1821 gekauft, und da der Betrag des Geldes so ziemlich dem Werth des dritten Theils der geraubten Sachen gleichkam, so ließ sich allerdings vermuthen, daß diese Summe der Betrag des auf jenen Räuber gekommenen Antheils an der Beute sei. Man versuchte daher, die Restituirung des Geraubten im Wege des Prozesses zu erreichen. Da jedoch Concurs über das Vermögen des Verbrechers ausbrach und die Forderung der Postbehörde in die sechste Classe locirt wurde, so ließ man alle Ansprüche auf Erstattung fallen.

Schon früher war eine Summe von 163 Thlr., die von einem braunschweigischen Unterthan aufgegeben war, aus der Postcasse erstattet. Da bei den übrigen geraubten Geldern, im Betrage zu elfhundert Thalern, preußische Unterthanen betheiligt waren, so erging zuvor an die königliche Oberpostbehörde die Anfrage, wie es in den dortigen Landen mit der Erstattung der Güter gehalten werde, wenn eine Beraubung der Post geschehen sei. Die Erwiederung lautete, daß die Erstattung jedes Mal stattfinde, sobald zur Sicherstellung der Post durch eine Escorte das Erforderliche nicht gethan sei. Da dieser Fall hier nun eintrat, so beschloß die braunschweigische Landesregierung nach dem Grundsatze der Reciprocität, daß die geraubten Gegenstände aus der Postcasse erstattet werden sollten. Demnach erhielten alle bei dem Raube Betheiligten volle Entschädigung *). Schirrmeister

---

*) Die Frage, ob die Post den durch Zufall verursachten Schaden zu ersetzen habe, ist von jeher streitig gewesen, bis sie in der neueren Zeit durch ausdrückliche Gesetze in den meisten Staaten ihre Erledigung gefunden hat. Die Partei der Juristen, die sich gegen die

und Postillon erhielten die auf die Heilung ihrer Wunden verwendeten kleinen Summen ebenfalls erstattet. Dem Postillon wurden außerdem noch 2 Thlr. 16 Ggr. zur Anschaffung eines neuen Hornes, da das alte von den Räubern plattgeschlagen war, verwilligt. Eine weitere Vergütung wurde dem Manne, der durch seine Entschlossenheit einen Theil der Posteffecten gerettet hatte, nicht zu Theil. Bar..

Verantwortlichkeit der Post aussprach, wies auf das römische Recht und auf die Analogie des Receptionsvertrages hin, wonach der Recipient allerdings für Zufall nicht zu haften hat. Die entgegengesetzte Partei berief sich dagegen darauf, daß die Post bei Geld und Kostbarkeiten das Porto nicht nach dem Gewicht, sondern nach dem Werthe bestimme, worin offenbar eine Uebernahme der Gefahr liege. Nach den Gesetzen, die zur Zeit des Raubanfalles in Braunschweig galten, war die Post zum Ersatz verpflichtet, denn eine Verordnung vom Jahre 1770 bestimmte ausdrücklich, „daß die Post das Risico übernehmen müsse." Die neue Postordnung von 1832 hat diese Verpflichtung etwas modificirt, denn sie bestimmt in §. 22: „Die Postanstalten sind verpflichtet, für die denselben zur Besorgung vorschriftsmäßig eingelieferten Briefe, Gelder und Packete selbst dann Ersatz zu leisten, wenn der Schaden oder Verlust durch ungewöhnliche Begebenheiten entstanden ist. Von dieser Ersatzpflicht ist die Post aber befreiet, wenn der Verlust oder die Beschädigung durch einen von ihr nachzuweisenden reinen Zufall, oder durch unverschuldete und unabwendbare Gewalt herbeigeführt ist."

Post-Beamte

des

Herzogthums Braunschweig *).

Herzogl. Post-Direction.

C. E. A. Salzenberg, Post-Director, Ritter des G.=O.
F. C. A. Ribbentrop, Postrath.

Secretariat und Registratur.

A. R. E. Schottelius, Postsecretair.
H. F. T. Freylach, Postcanzlist.

Post-Revision.

J. F. Schottelius, Postmeister.

Haupt-Postcasse.

F. C. A. Ribbentrop, Postrath.

---

*) Die Herzogliche Post-Direction hat die Verwaltung und Leitung des Landes-Postwesens, und ist dem Herzogl. Staats-Ministerium unmittelbar untergeordnet. Sie hat die Oberaufsicht über sämmtliche Postanstalten, über das Postfuhr-, Extrapost-, Estafetten-, Courier- und Zeitungswesen, sowie über alle zum Postdienst gehörigen Zweige; auch steht ihr die Beaufsichtigung und Disciplinar-Gewalt über das sämmtliche Post-Personal zu. (Postverordnung für das Herzogthum Braunschweig d. d. 13. August 1832.)

Herzogl. Hof-Postamt.

C. E. A. Salzenberg, Postdirector, Chef des Hofpostamts, Ritter d. G.-O.
C. F. A. Hennings, Postm.
T. Niemeier, Postmeister.
Otto von Voigt, Postsecretair.
G. Frohwein, —
A. Franz, —
A. Grimm, —
F. Albrecht, —
W. Görges, Postschreiber.
C. Bode, —
C. Feise, —
W. Rosenbaum, —
G. A. C. Damköhler, —
W. A. E. Harmes, —
C. Dankworth, Postaspirant.
A. Crone,
H. Otto, —
R. G. L. Wilhelmy, —

Zeitungs-Expedition:
C. Feise, Postschreiber.
J. C. E. Heinemeyer, Zeitungsträger.

Estafetten-Expedition:
A. R. C. Schottelius, Postsch.

Briefträger:
J. A. Wippert.
J. F. Ch. Hingst.
W. Günther.
F. Röseneck.
J. H. F. Reinecke.
W. F. T. Herbst, Adjunct.

Postwagenmeister.
C. E. Baumgarten.
M. Greve.
A. W. H. Bähr, Packmeister.

Postwagenmeister-Gehülfen.
H. Vahldieck.
A. E. Gerecke.

Postschaffner.
F. Bloßfeld. C. Göbel.
J. H. C. A. Sonnenberg.
G. Wedekind. T. Fehling.
H. Kortegast.

Postboten.
J. Suppe. Bolms.

Post-Nachtwächter.
W. Pape.

Post-Station.
Schestag, Posthalter.

Post-Aemter.

Blankenburg. G. C. Ledebur, Postmeister.
W. Nicolai, Postschreiber.
C. J. H. Preen, Postaspirant.
H. Garbe, Briefträger.
F. Luze, Wagenmeister.
Oberamtmann Bosse, Posthalter.

Helmstedt. C. Henneberg, Postmeister.
A. Bussius, Postsecretair.
C. W. H. Schellbach, Postaspirant.
J. C. Fricke, Briefträger und Wagenmeister.
F. Lösch, Briefträger= u. Wagenmeistergehülfe.
F. Saust, Posthalter.

Holzminden. A. H. Raabe, Postrath, Postamts=Chef.
C. Raabe, Postsecretair.
C. Buhle, Postaspirant.
J. F. A. Stolzenberg, Briefträger und Wagenmeister.
F. Notbohm Witwe, Posthalterin.

Seesen. F. J. H. Oesterreich, Postrath, Postamts=Chef.
Theuerkauf, Postaspirant.
C. Bode, Briefträger und Wagenmeister.
C. Steigerthal jun., Posthalter.

Wolfenbüttel. G. Lindau, Postmeister.
L. Henneberg, Postsecretair.
A. Lindau, Postaspirant.

Wolfenbüttel.	J. G. Fr. Lüer, Briefträger und Wagenmeister.
	F. Knust, Posthalter auf der Station zum Forsthause vor Wolfenbüttel.

Post-Verwaltungen.

Calvörde.	J. H. Müller, Postverwalter.
	Lübbe, genannt Könnecke, Posthalter.
Eschershausen.	Bürgermeister Fr. v. Rosenstern, Postmeister.
	F. Schrader, Posthalter.
	F. Peters, Posthalter.
Gandersheim.	C. G. Simonis, Postmeister.
	F. Oelzen, Posthalter.
Hasselfelde.	F. Wölbing, Postverwalter und Posthalter.
Hessen.	C. Klaue, Postverwalter und Posthalter.
Königslutter.	C. A. Dieckmann, Advocat u. Notar, Postv.
	Schmalbruch, Wagenmeister.
	Bühring, Posthalter.
Schöningen.	T. Tappe, Postverwalter und Posthalter.
	J. C. Höpfner, Briefträger und Wagenmeister.
Schöppenstedt.	F. Mülter, Postverwalter.
Stadtoldendorf.	G. Seebaß, Bürgermeister, Postverwalter.
Vorsfelde.	J. H. Penecke, Postverwalter u. Posthalter.

Post-Expeditionen.

Bahrdorf.	J. W. Schulze, Posterpediteur.
Braunlage.	Bötticher, Schullehrer, Posterpediteur.

Fürstenberg.	Factor C. Küchler, Posterpediteur.
Greene.	F. Koch, Postmeister.
Harzburg.	Klügel, Posterpediteur.
	C. Wellner, Posthalter.
	H. Kaesewieter, Posthalter.
Immendorf	F. Niehoff, Postverwalter und Posthalter.
Langelsheim.	C. A. C. Kettig, Posterpediteur.
Lutter a. B.	H. L. Südeckum, Postverw. und Posthalter.
Mühlenbeck.	M. Baller, Posterpediteur und Posthalter.
Oker.	J. H. C. Lüer, Posterpediteur.
Ottenstein.	A. Nehring, Amtsregistrator u. Posterpediteur.
Tanne.	H. S. Spengler, Kaufmann, Posterpediteur.
Bechelde.	H. Hansemann, Posterpediteur.
Velpke.	C. Süpke, Posterpediteur.
Walkenried.	H. Glanz, Amtsvoigt, Posterpediteur.
Zorge.	W. Eschrich, Kaufmann, Posterpediteur.

Postwärtereien.

Amelunxborn.	B. Kuhlmann, Postwärter.
Badenhausen.	A. Wachsmuth, Postwärter.
Bevern.	F. Mönckemeyer, Postwärter.
Gittelde.	A. Giesecke, Postwärter.
Hohegeiß.	A. Rath, Postwärter.

Post-Beamte

des

Königreichs Hannover.

General-Post-Directorium zu Hannover.

(Diese Behörde führt die Aufsicht und Controle über das gesammte Postwesen, und hat sowohl die, zur Aufrechthaltung des Postregals dienenden Verfügungen, als auch diejenigen Anordnungen zu treffen, durch welche die Befolgung der gesetzlichen, in Beziehung auf den Postdienst erlassenen Vorschriften gesichert wird. Die Porto-, Extrapost- und Estafetten-Taxen werden von dem Landesherrn normirt und publicirt. Von der richterlichen Behörde erfolgen die Erkenntnisse in denjenigen Fällen, in welchen den, hinsichtlich des Extrapost-Instituts bestehenden, gesetzlichen Verfügungen entgegengehandelt ist. Das General-Post-Directorium hält die Sitzungen an jedem Wochentage Vormittags in dem Königl. Posthause.)

von Rubloff, General-Post-Director, auch des P. A. Chef zu Hannover, Commandeur 1. Classe des Guelphen Ordens, d. Pr. roth. Adler O., d. Braunschw. O. H. d. L. und Ritter des Sächs. Civil-Verd. O.

Haase, Legations-Rath, Ritter des G.-O. und des Braunschw. O. H. d. L.

Planck, General-Post-Cassirer.

Friesland, Ober-Post-Insp., Mitglied d. G.-O.

Pieper, Post-Inspector und Registrator.

Friesland, Post=Inspector (gegenwärtig p. mod. comm. in Braunschweig).
Hoppenstedt, Post=Expedient.
Lübbers, ⎫
Dierks,   ⎬ Canzlisten.
          ⎭
Lohmann, beeid. Copiist.

Cours=Büreau.

Pieper, Post=Inspector vi spec. comm.

Revisions=Büreau.

Lühring, Ober=Revisor.
Spellerberg, ⎫
Klingenberg, ⎪
Pieper,   ⎬ Revisoren.
Böttner,   ⎪
Warnecke,   ⎭
Heldberg, Postverwalter (vi spec. comm. bei dem Revisions= Büreau adhibirt).

Montur=Büreau.

Rühmkorff, Post=Monturschreiber.
Fobbe, Aufseher.

General=Post=Casse.

(Dieselbe befindet sich im Königl. Posthause und ist an jedem Wochen= tage von 1 bis 2½ Uhr Nachmittags geöffnet.)
Planck, General=Post=Cassirer.

Post=Beamte
nach alphabetischer Ordnung der Postbureaus u. Relais.

(Erklärung der Abkürzungen; es bedeutet: O. Pm. Ober=Postmeister, Pm. Postmeister, P. Zm. Postzahlmeister, Pv. Postverwalter, Pf. Postschreiber, Psp. Post=Spediteur, Ph. Posthalter, Sm. Schirrmeister, Cond. Conducteur, Brtr. Briefträger, Wm. Wagenmeister, Packm. Packmeister.)

Achim. Psp. u. Ph. Corleis.
Aerzen. Psp. Sander.
Alfeld. Psp. u. Ph. Kölln.
Ammensen. Pv. u. Ph. Wittwe Röhrssen.
Andreasberg. Psp. auch Schichtmeister n. Senator Riehn.
Ankum. Psp. Dr. Hartmann.
Artlenburg. Postsp. und Posth. Hauenschild.
Aschendorf. Psp. auch Amtsv. Dirksen.
Asendorf. Psp. u. Ph. Ahrenholz.
Aurich. Pm. Eucken.
   Lamberti.
   Reimers. } Pf.
   Freih. v. Kotzau.
   Ph. Janssen.
   Brtr. u. Wm. Janssen u. Koop.

Babbergen. Psp. Meyer.
Barenburg. Psp. Baßmer.
Barnstorf. Psp. u. Ph. Schütte.
Basbeck. Pv., Psp. und Ph. Büttner.
Bassum. Psp. u. Ph. Aelmans.
Bederkesa. Psp. Pralle. (Das Relais wird vorerst noch von der Witt. Pralle verwalt.)
Beinum. Psp. Schleifener. W.
Bentheim Psp. Branus. Ph. Rump.
Bergedorf. Psp. Minten.
Bergen, Psp. Stoffregen. Ph. Stoffregen, Witt.
Bevensen. Psp. Gade.
Beverstedt. Psp. Sudholz, auch Steuer=Einnehmer.
Bienenbüttel. Psp. und Ph. Wendlandt.
Blekede. Psp. u. Ph. Mederer.

Bockenem. Psp. Lappe.
Ph. Hübner.
Bodenteich. Psp. Lübbecke.
Bodenwerder. Psp. Bode.
Bohmte. Pv., Psp. u. Ph. Meyer.
Bramsche. Psp. u. Ph. Pörtener.
Breitenhees. Ph. Wieneke.
Bremen. O. Pm. P. A. Ch.
Neubourg.
Pm. Winkelmann.
Pv. Heinen.
Pv. Heuzenröder.
Pf. Behr.
Pf. Lindemann.
Brtr. Schröder, Könecke u. Watermann.
Wm. Matens und Ruhoff.
Packm. Müller.
Sm. Heins, Görling u. Brandes.
Bremervörde. Psp. und Ph. Seyler, Prem.-Lieut.
Brinkum. Psp. auch Amtsv. Sudholz.
Brome. Psp. a. Steuer-Einn. Dierks.

Bruchhausen. Psp. Harries.
Brüggen. Pv., Psp. und Ph. Röhrssen.
Bunde. Psp. Stiermann.
Burgdorf. Psp. Wietfeld.
Pv. u. Ph. Wietfeld.
Burtehude. Psp. Schultze.
Ph. Rademacher.
Campen. Pv., Psp. u. Ph. ad int. Kuhlmann Wittw.
Catlenburg. Psp. Müller.
Celle. O. Pm., P. A.-Chef, Ritter d. G.-O. Albrecht.
Pm. Bacmeister.
Pv. Buhlert.
Pv. Mirow.
Pf. dü Mesnil.
Pf. Buhlert.
Pf. Nöldeke.
Pf. Pralle.
Ph. Goltermann.
Brtr. Osterloh und Müller.
Wm. Knieß.
Aide-Wm. Schrader.
Packm. Sternberg.
Sm. Osterloh.

Clausthal. Pv., P. A. Chef
  Mahn.
  Pf. Jungblut.
  Ph. Marbach.
  Brtr. u. Wm. Kreichelt.
Coppenbrügge. Pfp. Krückeberg
Dalenburg. Pfp. u. Ph. Buhlert.
Dannenberg. Pv., P. A. Chef, a.
  Ph. Stephanus.
  Pf. Pabst.
  Brtr. u. Wm. Umland.
  Sm. Flachsbart.
Dassel. Pfp. Ubrig.
Diepenau. Pfp. u. Ph. Schwacke.
Diepholz. Pv., Pfp. und Ph.
  Lüning.
Dissen. Pfp. Dieckmann.
Dorfhagen. Pfp. u. Ph. Steil.
Dorum. Pv., Pfp. u. Ph. Ringe.
Dransfeld. Pfp. auch Senator
  Jeep.
  Ph. Frank.
Duderstadt. Pf. Schröder, m.
  d. Spedit. beauftragt.
  Ph. v. Sothen.
Ebstorf. Pv. Pfp. Ph. Lübbecke.
Echte. Pfp., auch Steuer-Einn.
  Wagenschieffer.
Echte. Ph. Roth.
Einbeck. Pm. u. Ph. Pralle.
  Pf. Kahle.
  Pf. Bartels.
  Brtr. Stöber.
  Wm. Döbeling.
Elbingerode. Pfp. Hassenberg.
  Ph. Moock.
Elze. Pfp. u. Ph. Sander.
Emden. Pm. Schlötke.
  Pv. Kästner.
  Pf. Giesewell.
  Ph. Janssen.
  Brtr. Romann.
  Aide-Btr. Schröder.
  Wm. Bückmann.
Eschede. Pfp. u. Ph. Lichtenberg.
Esens. Pfp. Schuirmann.
  Ph. Claassen.
Eystrup. Pfp. u. Ph. Freymuth.
Fallersleben. Pfp. Spellerberg
  auch Hausvogt.
Fallingbostel. Pfp. Meyer.
Freren. Pfp. Lohmeyer.
Friedeburg. Pfp. Leiner.
  Ph. Christophers.
Fürstenau. Pfp. Schröder.
  Ph. Schröder.

Gartow. Pfp. Harbord.
Geestendorf. Pfp. u. Ph. Werbe.
Giebolbehausen. Pfp. u. Ph.
　Gerhardy.
Gifhorn. Pfp. Ph. Renneberg.
Glandorf. Pfp. u. Ph. Kel=
　linghausen.
Gleidingen. Pfp. Ph. Petersen.
Gödens (Neustadt). Pfp. Holz=
　apfel, a. Steuer=Einn.
　Phin. Lauts, Wittw.
Göhrde. Pfp. Putensen.
Göttingen. P.A.Ch., R.d.G.=O.
　Obr. v. Dachenhausen.
　Pm. Bergschmidt.
　Pv. Lichtenberg.
　Pf. { Hagen.
　　　Strandes.
　　　Seelhorst.
　　　Mensching.
　Phin. Major. v. Hinü=
　　ber, Wittwe.
　Brtr. Ramsah und
　　Leonhard.
　Wm. Ahrens. Pape.
　Packm. Schwieger.
Goslar. Pm. Schüler.
　Pf. Gerig.

Goslar. Ph. Borchers.
　Brtr. u. Wm. Lange.
Greetsyhl. Pfp. Herlyn.
Grohnde. Ph. Meyer.
Großefehn. Pfp. Buss.
Gr.=Oesingen. Pfp. u. Ph. Thies.
Großsander. Pfp. u. Ph. Ennen.
Hademstorf. Pfp. und Ph.
　Mohlfeldt.
Hage. Pfp., auch Steuer=Einn.
　Lehfer.
Hagenburg. Pfp. Ph. Westfeld.
Halte. Pfp. Fuls.
Hamburg. O. Pm., P. A. Chef
　Koch.
　Pm. Reinecke.
　Pv. { Corleis.
　　　Meyer
　　　Winkelmann.
　　　Kern.
　Pf. Klingföhr.
　Brtr. Höffler, Siehe,
　　Schlue u. Meyer.
　Wm. Rohlsen, Uhle,
　　Meyer, Kücker,
　　Dierks, Bünger
　　u. Hugo.
　Packm. Westedt.

Hamburg. Cond. Henne.
Sm. Wettmershau=
  sen, Schindler,
  Moritz u. Niebuhr.
Hameln. P. A. Chef, Oberst=L.d.
  G.=O. Elderhorst.
Pf. Heise.
Pf. Arends.
Ph. Mahlstedt.
Brtr. Gothe.
Wm. Zimmermann.
Hannover. General=Post=Direct.
  v. Rudloff, P. A.
  Chef, Command. 1. Cl.
  d. G.=O., d. Pr. roth.
  Adl. O., d. Braunschw.
  O. H. d. L. u. Ritter d.
  Sächs. Civil=Verd. O.
P. Zm. Niebour.
Pm. Hüpeden.
Pv. { Lohstöter.
  Grevenstein.
  Praël.
  Gehrich.
  v. Einem.
Pf. { Dincklage.
  Meder.
  Meyrose.

Hannover. Pf. Buchheister.
Pf. { Wiggers.
  Meyer.
  Knipping.
  Holscher.
Ph. Schaaf.
Brtr. Goltermann,
  Behre, Koch, Te=
  der, Meyer, Rei=
  mers, Brandfaß.
Aide=Brtr. Kiehne u.
  Meyer.
Wm. Halenbeck u.
  Schulz.
Aide=Wm. Garbe u.
  Pinkenburg.
Packm. Struckmeyer.
Cond. Grethe, Die=
  ner, Schomburg,
  Stünckel, Heise,
  Harrjes, Schnell=
  rabt.
Sm. Theil, Cohrs,
  Herhold, Hassel=
  bach, Graff, Eick=
  mann, Heithaus,
  Müller, Langen=
  berg, Bosse, Uphoff,

Hannover. Sm. Küster, Kö-
　　nig, Reinhold,
　　Harke, Gölke.
Aide=Sm. Bade.
Harburg. O.Pm. Prott.
　Pv. Schorcht.
　Pv. Oppermann.
　Pf. Tibow.
　Pf. Prott.
　Ph. Hastedt.
　Brtr. Bode.
　Wm. Hesse u. Gru-
　　ßendorf.
　Sm. Hoppe.
　Cond. Apfelstädt,
　　Heiligenstadt u.
　　　Opye.
Hardegsen. Psp. u. Ph. Ber-
　　kelmann.
Harsefeld. Psp. u. Ph. Prem.=
　　Lieut. Ehlers.
Haselünne. Psp. Kerkhof.
　Ph. Warndorf.
Heber. Ph. Michaelis.
Hechthausen. Psp. a.Steuer=Einn.
　　Beckmann.
Heesel. Psp. u. Ph. Albers.

Herzberg. Psp., a. Stuer=Einn.
　Prem.=Lieut. Franke.
Herzlacke. Psp. auch Amtsvoigt
　　Moormann.
Hildesheim. Pm. Sothen.
　Pv. Petsche.
　Pv. Küken.
　Pf. { Fischer.
　　　Schneider.
　　　Gade.
　　　Pinkenburg.
　Dr. Ph. Sander.
　Brtr. Studte u. Ves-
　　permann.
　Packm. Bahr.
　Wm. Lüneburg.
　Wm. Tostmann.
Himmelpforten. Psp. Weber.
Hitzacker. Psp. Lindes.
Hoheneggelsen. Psp. Tegtmeyer.
Hohenhameln. Psp., a. Amtsv.
　　Zumberge.
Hohnsen. Psp., Ph. Mahlstedt.
Hopte. Psp. u.Ph. Leplat.
Horneburg. Pv., Psp. u. Ph.
　　Corleis.
Hoya. Psp.Ph.Dr. Stegemann.
Iburg. Psp. Kellinghausen.

Kuhstedt. Psp. u. Ph. Gulau.
Lafferde. Psp. u. Ph. Böttcher.
Lamspringe. Psp. Meyer.
Langlingen. Psp. Schepel=
    mann, Wittw.
Lathen. Psp. Ph. Middendorff.
Lauenau. Psp. Amts=Rentmeister
    Schmidt.
Lauenförde. Psp. Ph. Wolken=
    hauer.
Lauterberg. Psp. u. Ph. Wester=
    hausen.
Leer. Pm. Leiner.
    Pv. Kobbe.
    Pf. Stegemann.
    Ph. Zytzema.
    Brtr. u. Wm. Küno u.
      Werkmeister.
Leese. Psp. u. Ph. Grote.
Lehe. Psp. Lorenz.
Lemförde. Psp. u. Ph. ad int.
    Spellerberg.
Lesum. Psp. Ph. Hillmann. W.
Liebenau. Psp. Thätjenhorst.
Lingen. Pm. Ulich.
    Pv. Nöldeke.
    Pf. Rüssell.
    Pf. Langrehr.

Lingen. Ph. Goesmann.
    Ph. Raberg. Wittw.
    Brtr. Randersen.
    Wm. Löhr.
    Sm. Sander u. Kobert.
Loccum. Psp. Lampe.
Lübeck. O. Pm. Tidow.
    Pf. Meyer.
    Sm. Hasselmann.
Lüchow. Pv. u. Psp. Kunze
    Ph. Schultz.
    Brtr. Tancke.
Lüneburg. Pm. Pralle.
    Pv. Straub.
    Pv. Becker.
    Pf. Hagedorn.
    Pf. Albrecht.
    Ph. Wolter.
    Brtr. Mencke, Sevecke.
    Wm. Kuhlmann u.
      Kolbach.
    Packm. Kielhorn.
Marienhave. Psp. Poppinga.
Markoldendorf. Psp. Twele.
Melle. Psp. Koch.
    Ph. Meyer.
Mellendorf. Noch nicht besetzt.
Meppen. Psp. Reinecke.

Meppen. Ph. Altmeppen.
Moringen. Psp. Laves.
Münden. Pm. Hinüber.
    Pv. Richter.
    Ph. Marloh.
    Brtr. Fischer.
    Wm. Rhode.
Münder. Psp. u. Ph. Schreiber.
Nenndorf. Ph. Hastedt.
Neuenhaus. Psp. u. Ph. Schey.
Neuenwalde. Psp. u. Ph. Wicht.
Neuhaus a d. Elbe. Psp. Kupfender.
Neuhaus. a. d. Oste. Psp. u. Ph. Biebrock.
Neustadt Pv., Psp. u. Ph. Detmering.
Niedersachswerfen. Psp. a. Steuer-Einn. Halle.
Nienburg. Cazal, D. Postm., Mitglied d. G.-O.
    Pv. Hollmann.
    Pf. Schütte.
    Pf. Garrels.
    Ph. Wesemann.
    Brtr. Bürges.
    Wm. Stockhausen u. Starke.

Nienburg. Sm. Willmer, Robert, Rath, Pape.
Nörten. Psp. a. Steuer-Einn. Fuchs.
Norden. Pv., P.A. Chef v. Blonay.
    Ph. Friederichs.
    Brtr. u. Wm. Renken.
Nordheim. Major v. Fumetti, P.A. Chef. Ritter d. G.-O.
    Pv. Nöldeke.
    Pf. Mulert.
    Pf. Nöldeke.
    Ph. Sonne.
    Brtr. u. Wm. Aßmann und Weber.
    Sm. Fischer u. Ziegenhorn.
Nordhorn. Psp. u. Ph. Möller.
Ohof. Psp. u. Ph. Ahrens.
Oldersum. Psp. Herrmann.
Osnabrück. Pm. Klingsöhr.
    Pv. Arens.
    Pv. Eggers.
    Pf. { Alberti. Wenkebach. Baethgen.
    Pv. u. Ph. Meyer.
    Btr. Zeuner u. Möhle.

Osnabrück Wm. Hille.
Packm. Cloppenburg.
Cond. v. Storren,
Horstmann, Wun=
nenberg.
Sm. Holscher, Nen=
necke, Gernlein,
Rheim, Meyer,
Nolte.
Ostercappeln, Psp. Obrock.
Osterhagen. Psp. Ph. Bliebung.
Osterholz. Psp. Siemers.
Osterode. Pm. Möller.
Pf. Cordes.
Ph. Küchenthal.
Brtr. u. Wm. Leinig.
Othfresen, Psp. u. Ph. Sergel.
Otterndorf. Psp. Groweg.
Ottersberg. Pv., Psp. u. Ph.
Lübbren.
Papenburg. Psp. Prox.
Ph. Ahlders.
Pattensen (A. Calenberg). Psp.
Becker. — Ph. Osten.
Pattensen (A. Winsen a. d. L.).
Psp. a. Amtsv. Hauptm.
Becker.
Pattensen. Ph. Harms.

Peine. Psp. Mecke.
Ph. Richelmann.
Quakenbrück. Psp. und Ph.
Wüste, Wittwe.
Rehburg (Brunnen). Psp. Wuth.
Rethem. Psp. Holst.
Rotenburg. Pv., Psp. u. Ph.
Heinsius.
Salzgitter. Psp. Sievers.
Schapen. Psp. Ph. Taabe Wwe.
Scharmbeck. Psp. Ph. Schröder.
Scharzfeld. Psp. Wehmer.
Schillerslage. Pv. u. Ph.
Sprengel, Wittw.
Schladen. Psp. Ph. Knackstedt.
Schnackenburg. Psp. Blohme.
Schüttorf. Psp., auch Steuer=
Einn. Reinefeld.
Sögel, Psp. a. Amtsv. Niemann
Soltau. Pv., Psp. u. Ph. Koch.
Springe. Psp. Ph. Lindemann.
Stade. Pm. Stegemann.
Pv. Schütte.
Pf. Koch.
Pf. Miede.
Ph. Beckmann.
Brtr. u. Wm. Henze.
Schröder.

Steyerberg. Pfp. Herzer.
Stolzenau. Pfp. Holzapfel.
Stotel. Pfp. Koop.
Sulingen. Pfp. u. Ph. Lüning.
Sycke. Pfp. u. Ph. Balk.
Thiedenwiese. Pfp. Engel.
Tostedt. Pfp. u. Ph. Huth.
Twistringen. Pfp. a. Steuer=
   Einn. Lameyer.
Uchte. Pfp. u. Ph. Thiermann.
Uelsen. Pfp.a.int.u. Steuer=Einn.
   Hilfers.
Uelzen. Pv., P.A. Chef Köster.
   Pv. Marquering.
   Pf. Scuhr.
   Ph. Schilling.
   Brtr. und Wm. Holz=
   grefe, Ubbens.
Uslar. Pfp. Thiel.
   Ph. Büssilliat.
Verden. Pm., Capitain Back=
   haus.
   Pf. Rosenbach.
   Ph. Blome.
   Brtr. u. Wm. Martens.

Vilsen. Pfp. Haber.
Vissselhövede. Pfp. Ph. Denker.
Wagenfeld. Pfp., a. Amtsv.
   Diestelhorst.
Walsrode. Pv. P.A. ChefPabst.
   Pf. Schellschläger.
   Pf. Resag.
   Ph. vacat.
   Brtr. u. Wm. Tost.
Wartjenstedt, Pfp.Ph. Caspari.
Weener. Pf. Petri, mit der
   Sped. beauftragt.
   Brtr. Wm. Dreesmaun.
Welle. Pfp. u. Ph. Arens.
Winsen a. d. L. Pfp. Kaempff.
Wittingen. Pfp. Bartmers.
Wittlage. Pfp. Freye.
   Ph. Franke.
Wittmund. Pf. Lappenberg,
   m. d. Sped. beauftragt.
   Ph. Hillerns.
Wunstorf. Pfp. Zedler.
Wustrow. Pfp. Blumenthal.
   a. Amtsv.
Zeven. Pfp. u. Ph. Sprick.

Abreſſen.

Noch im vorigen Jahrhundert war es in manchen Gegenden — beſonders Sachſens — üblich, die Abreſſen in Verſen zu ſchreiben, aus welchen Ort und Name des Abreſſaten herauszufinden oft nicht geringe Mühe und Zeit koſtete. Einige Proben von ſolchen poetiſchen Abreſſen ſind z. B.

Frägſt du, mein Brief, wohin?
Nach HALLE ſollſt du reiſen,
Dich wird die edle Poſt,
Zu meinem Freunde weiſen,
Derſelbe iſt Herr N. — in deſſen Herz und Sinn,
Mit meinem Namen ich tief eingepräget bin.
Zu dem ſollſt Du gebückt ein ſüßes Salve ſprechen,
Nur er, kein andrer hat die Macht, dich zu erbrechen.

Dieſer Brief werd' überbracht,
Wär es auch bei ſpäter Nacht
Per Berlin nach Fehrbellin
Und von da nach Metzenthin
Zu Hans Ziethens Hofemeiſter,
Andres Friedrich Haaſe heißt er.

Es ist dieser Brief in allen Gnaden,
  mit 1 Thlr. und 13 Ggr. beladen.
Er gehört auf der Au, in der Chemnitzerstraße,
Wo ein Hauptgraveur seine Wohnung hat.
Mein Herr Vetter und Freund seit Jahresfrist
Christian Heinrich Kästner sein Name ist,
als fünf hundert und 65 die Haus = Nummer heißt.
Nun Chemnitzer Briefträger, ich hätte gedacht,
daß ich es Dir nun recht leichte gemacht;
denn Du brauchst itzt nicht viel zu similiren
um an den richtigen Mann den Brief zu spediren.
                                          Sela.

————————

  An
die Wirthschafterinn zur neuen Welt,
die das ganze Haus unter sich hat
              in
                              N. N.
  verte
Das Königl. Postamt tue ich bitten, ihr den
Brief hemlich zustecken zu lassen.

————————

An
  die Fräulein Jungfer **Jülepimpe**,
  die bei der Madam Professorn **K.**
  vor Amme dient und die man det
  eenzige kleine Kind hat.

An
die Krämerfrau Ochsenern, o du Kuh
lonne Händlern
         zu
           S.

An
den dürren Obsthändler N**.
        in
          Mainz.

Ihrer Hochwohlgeboren
der englischen **Lady N. N.**
welche einen Lebensgefährten wünscht
frei.   gegenwärtig zu
              H . . . . dt.

Ihre
Wohlgeboren der Frau **A. v. G.**
der Kaiser Ferdinands Nordbahn
    Beamten Gattin
Man bittet um   zu
schnelles Fortkommen.   W.

Dieser Brief gelange an meine
lieben Eltern, wie auch an meinen
herzallerliebsten Schatz Anna Rosine
Reichert, abzugeben in Leipzig
auf der Sandgasse.

An meine Dochter Marie Kaiserinn
   ins Krankenhaus hochedelgeboren
                    zu
                           N.
auf der Kehrseite:
Wenn se wider ins Wasser springt, laßt se
man drin.

   Ihre Wohlgeboren
Wo ich hab meine Ruh' verloren
                    in
                         L.
Sack Nro. 12
die Nummer kömmt gleich
  nach — der 11
    Bel Etage.

Nach Bobersberg bei Kämtz
   an Alwine Buchheim
    wohlgeborne Richters Mamsel
  (d. i. die Tochter des Ortsrichters).

Monsieur
Monsieur Kaltwasser
Heilanstalt
à
G.

An den Dohrschreiber Herrn X.
ergebenst
Lebt er nicht   Bromberg.
Schadt es nicht,
Wir Menschen sind alle sterblich.

An den
Hern Herbergs
Vater kleidermacher
Herberge Mittden
Namen Das
bleibt Sich gleich
zu Lübeck.

An
den Königl. Gänsedarm
Ritter des gemeinen Ehrenzeichens
Herrn N. N.
zu   G.

Sehr Wohlgeboren
der Madame Steffens
der Mann Mufizi
in
D.

Cito. Cito. Cito. Cito.
An
meine zukünftige Frau
Fräulein, Fräulein, Fräulein
Mademoiselle Adelheide Winhens
pr. addr. Herrn Müllermeister Gotthard Winhens
Hochwohlgeboren
auf der B.

An den todten Rabbiner
zu Schocken
abzugeben an deffen feelige Wittwe.

An den Justiz Kommiffarius Herrn Haafe
Wohlgeboren
nebst zu
1 ditto — cito cito M.
er riecht schon.

Wird dieser Brief gleich abgegeben,
Soll Bettefen*) hoch dreimal leben!
An
Studios Herrn Anton Nix
in N.
Cito, cito, citissimé;
Gib' Geld, o **Nix**, carissime!

An die Wohlgeborne Frau v. L.
K. K. Galliz. Kammeral Haupt Zahl Amts
Kassen officier's Wittwe
in W.

An die
Johanne Eleonore Bergmann
auf dem Dominium in O. W.
Auf der Rückseite stand von der Adressatin der Grund der Nichtannahme wie folgt:
Ich Johanne El. Bergmann
nehme den Brief nicht an,
weil die Liebe unterwegens
bleiben kann.

---

*) Name des Briefträgers.

Anecdoten.

Ein reicher Kaufmann, nennen wir ihn Habakuk, der mit seinem Sohne associirt ist, kam auf die Post zu Liegnitz, um sich nach Frankfurt a. d. Od. einschreiben zu lassen. Auf die Frage des Postsecretairs nach dem Namen, giebt der Kaufmann wie er es gewohnt, seine Firma an: Habakuk und Sohn. — Der Postsecretair: Macht 13 Thlr. 2 Sgr. — Dem Kaufmann kommt dies etwas hoch vor, doch er zahlt. — Während des Fahrens auf der Post fragt er einen Passagier, wie viel er gezahlt habe? — 6 Thlr. 16 Sgr., ist die Antwort. — Wie kommt's, daß ich das Doppelte zahlen mußte? — — Der Passagier will es nicht glauben, da zeigt ihm der Kaufmann, der selbst weder lesen noch schreiben kann, den Passagierzettel. Jetzt löset sich das Räthsel. Der Postsecretair hat zwei Plätze vermerkt, für Herrn Habakuk und dessen Sohn.

An die Frau des bekannten Sängers Reichel in Hamburg kam einst ein Brief mit der Adresse: Ihro Wohlgeboren, der Frau Bassistin Reichel zu Hamburg.

Vor einiger Zeit kam auf der Thurn- und Tarisschen Post in Frankfurt am Main aus Paris ein Schreiben mit der Adresse an: „A Monsieur Vorzügliche Auswahl, horticulteur celèbre à Frankfurt a. M. en Allemagne." Das Schreiben wurde einem der ersten Handelsgärtner, der mit Paris in lebhafter Verbindung steht, überliefert. Die sonderbare Adresse war aber einem Katalog entnommen, dessen Titel lautet: „Vorzügliche Auswahl der Pflanzen u. s. w." Der Absender des Briefes ist ein angesehenes Haus in Paris.

Ein Ungar, so erzählt ein österreichisches Blatt, beschwerte sich nach der Ankunft von einer größeren Reise über den unbequemen (Mittel=)Platz, den er im Postwagen während der ganzen Dauer derselben eingenommen hatte. „Sie hätten die Reisegefährten ersuchen müssen, mit Ihnen zeitweise den Platz zu wechseln," machte einer der Gäste bemerklich, dem er an der table d'hôte sein Ungemach klagte. „Is nich 'gangen — erwiederte der Magyare, seinen Schnurrbart drehend — bin von zweiter Station an allein g'fahren.

Jemand miethete eine Extrapostfuhre, welche ihn einige Meilen weit auf's Land bringen sollte. Er war noch nicht weit gekommen, als der Wagen am Fuße einer Anhöhe still hielt. Der Postillon kam an die Wagenthür und öffnete diese. „Was bedeutet das Schwager? Hier solltest Du nicht anhalten!" „Still, Ew. Gnaden, still," rief der Postillon, „ich will nur dem Vieh was weiß machen. Wenn ich mit der Thür klappere, so wird es denken, Sie sind ausgestiegen, und wird den Berg hinauf rennen wie der Teufel!"

Ein Reisender, der mit der Schnellpost von L. nach B. fuhr, sagte zu einem Begleiter: „Ich trenne mich von L. mit zentnerschwerem Herzen." „Still, still!" flüsterte ihm dieser zu, „daß nur der Conducteur Nichts von der Schwere Deines Herzens erfährt, sonst mußt Du am Ende noch Uebergewicht bezahlen."

Ein Postfunctionair, welcher oft sehr spät sich zum Dienste einstellte, ward einst vom Postamts=Chef zur Rede gestellt, warum er immer so spät käme? Der Angeredete erwiderte: „Wenn ich's nicht des Bischen Geldes wegen thäte, so käme ich gar nicht."

Altes Sprichwort.

Ein Postillon aus der früheren Zeit, Namens Bäthge, gerieth sehr oft mit Fuhrleuten und Kutschern unterweges in Streitigkeiten, die in der Regel mit Schlägerei endigten, bei der er den Kürzern zog, und arg zerbläut auf der Heerstraße liegen blieb. In solchen wehmüthigen Momenten pflegte er sich dann selbst die Frage vorzulegen: „Na, Bäthge! wat seg'st du denn nu?"

Ein junger Postbeamter übernahm einst für einen Collegen den Schalterdienst, mit welchem das Einschreiben der Postreisenden verbunden war. Nun trat eine vornehm gekleidete Dame, schon etwas von zweifelhaftem Alter, an's Fenster, um einen Platz auf der Schnellpost zu belegen. Der Postbeamte erbittet sich ihren Namen, und sie antwortet: „Meier." —

Sind Sie verheirathet? — fragt darauf der Beamte, um sich aus der Verlegenheit zu ziehen, ob er Fräulein oder Madame schreiben sollte. Die Dame schlug erröthend die Augen nieder und flüsterte leise ein süßes: „noch nicht;" und der Beamte schrieb selbstzufrieden mit dem glücklich erdachten Auskunftsmittel: **Fräulein Meier.**

Ein Eckensteher fuhr mit seiner Frau auf der Eisenbahn von Berlin nach Potsdam. Als die gellende Pfeife der Locomotive wiederholt ertönte, rief die Frau: Ach Herr jes! det is aber nich zum Aushalten mit dem Pfeifen." — „Na, wat haste denn schon widder zu achherrjesen?" erwiederte der zärtliche Gatte, „Du verlangst wohl, dat se vor Deine lumpje paar Jroschen die Mamsell Lind uf de Locomotive sollen singen lassen?"

Ein reicher Bauer, welcher sich ein Billet zur ersten Wagenclasse auf der Eisenbahn von M. nach C. gelöst hatte, ward, als er das bezeichnete Coupee besteigen wollte, von einem Fahrgehülfen ziemlich unartig zurückgewiesen, mit dem Bedeuten, er gehöre nicht in diesen Wagen. Nachdem nun der Bauer sich durch Vorzeigen seines Fahrbillets legitimirt und von dem Eisenbahnmanne noch etwas unfreundlich in den Wagen gelassen war, wandte sich der Erstere zu ihm um, reichte ihm einen Gulden und ertheilte ihm den wohlgemeinten Rath: **er möge sich bei der Rückkunft nach M. Alberti's Complimentirbuch für das Geld kaufen.**

Ein Jüngferchen reicht einen Brief in's Postfenster. „Neun Silbergroschen," ruft der Postbeamte. „Ei, Jott bewahre;" entgegnet das Mädchen, „'s steht doch franco druff!"

Ein junges Mädchen aus T., welches öfters Briefe nach B. zur Post gebracht und stets 1½ Sgr. Porto bezahlt hatte, kam eines Tages mit einem 1¼ Loth schweren Brief dahin, und rief, als ihr 3 Sgr. abgefordert wurden, höchst verwundert: „Das ist nicht möglich, er hat ja sonst nur 1½ Sgr. gekostet!" „„Doch möglich, mein Fräulein, der Brief wiegt 1½ Loth und kostet deshalb noch einmal so viel!"" bemerkte der Postbeamte. Darauf sie: „Nicht möglich, auf ein Bischen Ladung mehr oder weniger kann es doch nicht ankommen?" Darauf er: „„Doch möglich mein Fräulein, bei den jetzigen schlechten Wegen dürfte dadurch leicht Vorspann nöthig werden!"" Mit einem Gesicht, halb lächelnd, halb ernst, bezahlte sie und schied.

Es war bereits Abend, als vor etwa zwei Jahren der Notar R. auf dem Eisenbahn-Omnibus von K. nach G., seinem Wohnorte fuhr. In demselben Wagen befand sich auch ein Israelit, dessen Wohnort gleichfalls G. war, der aber der schon eingetretenen Dunkelheit halber den sonst ihm wohlbekannten Notar nicht erkannte. Der Notar R., heiter gestimmt, entschloß sich bald, den guten Israeliten zu mystificiren. Er gab sich bei der halb begonnenen Unterhaltung mit etwas verstellter Stimme für einen Handelsherrn aus Leipzig aus, der in G. verschiedene, nicht unbedeutende Forderungen einzuziehen habe, und sprach die Vermuthung aus, vielleicht eines tüchtigen Advokaten zu bedürfen, um zu seinem Ziele zu gelangen. Er fragte deshalb den Israeliten um die in G. wohnenden Rechtsanwälde. Der Israelit zählte sie ihm auf, und vergaß natürlich auch den Fragesteller nicht. „Sagen Sie mir doch, lieber Herr," — nahm nun der Notar N. wieder das Wort — „welches ist wohl der **rechtlichste** von allen diesen Herren, welche Sie mir genannt haben?" — „**Rechtlich?**" — entgegnete der Israelit in sarkastischem Tone — „daß Gott erbarm'! — Rechtlich? — Sind doch die Advokaten alle Spitzbuben." Die Pause, welche nach dieser Expectoration des Israeliten in der Unterhaltung eintrat, währte nicht lange; man war unterdessen in G. beim Gasthofe zur Eisenbahn angelangt. Die Passagiere stiegen aus, und der gute Israelit erkannte beim Laternenlichte des Hausknechts sehr bald zu seinem großen Schrecken den Herrn Notar N. als den Fragesteller. Schnell aber entschlossen, klopfte er denselben treuherzig sanft auf die Schulter und sprach: „**Na Herr Notar, Sie sind doch ein rechtschaffener Mann!**"

Zwei Advokaten reis'ten, eiliger wichtiger Geschäfte halber, in eigenem Wagen mit Extrapost. Sie kamen auch nach einer Posthalterei, wo der Herr Posthalter in augenblicklicher Verlegenheit wegen Herbeischaffung der nöthigen Pferde war. Es wurde schnell in's Dorf geschickt und ein Bauer requirirt, der anstatt mit zwei, mit drei Pferden ankam. Der Bauer, ein prozeßsüchtiger Mensch, der schon oft mit Advokaten zu thun gehabt hatte und leider mit manchem Schaden klug geworden war, hatte sich nach den Passagieren erkundigt und erfahren, es seien zwei Advokaten, die er weiter zu schaffen habe. Daß der Bauer drei Pferde brachte, machte die Herren schon bedenklich; allein sie wurden bald beruhigt, als sie von demselben die Versicherung erhielten, er nehme für die drei Pferde nicht mehr, als für zwei; das dritte sei zu Hause doch unbeschäftigt, wenn die beiden andern gebraucht würden. Kaum war man abgefahren, so fragte einer der Herren den Bauern: „Aber lieber Freund, wie geht es zu, daß das vordere Pferd so viel dicker ist, als die beiden an der Deichsel?" „Dat will eck Sei seggen" — erwiderte der Bauer — „dat vöddere Perd is dei Advokate und düsse beiden sind de Clienten. Dat will eck Sei versichern, dat vöddere frißt noch tweimal so veel, als düsse beiden; dat kann wol dicke sien; et frißt düssen beiden Alles vor bei Näse weg."

Beim Großherzoglichen Postamt zu Neubrandenburg kam eines Morgens ein Bauer aus P. und brachte drei Briefe.

Es entspann sich folgende Unterredung:

B. Goden Morgen, Herr Sickeltär; hia sünd dre Bref. Wat kosten de?

S. Drei Schillinge, Alter.

B. God, hia sünd's; äwa nu btrr ick mie ock noch'n lütten Schluck doavöa ut.

S. Branntwein giebts hier nicht; überhaupt giebt die Post nichts zu.

B. O, dat is doch schnurrig; denn allawegent wua ick sünst wat betoahl, krieg ick wenigstens doch'n lütten Schnaps to.

Auf einer ländlichen Posthalterei, wo es auf dem geräumigen Hofe des Federviehes aller Art in Menge gab, hielt schon der Postillon, ein ehrlicher Bauerbursche in rothem Rocke, um sogleich eine Extrapostkutsche weiter zu fördern. Schon vor der Abfahrt begann der diensteifrige junge Mann eine Probe auf seinem Posthorne zu machen. Jedesmal aber, wenn er in's Horn stieß, erhob der auf dem Hofe umherstolzirende Puterhahn sein kollerndes Geschrei, und störte den jungen Musiker. Endlich ward dieser ärgerlich, und machte mit seinem Horne eine höchst drohende Bewegung nach dem animalischen Collegen hin, indem er diesem entgegenrief: „Lork, wut du Posteljon speelen oder sall eck et sin?" Unterdessen waren die Herrschaften, zu deren Belustigung diese Apostrophen gereichte, in den Wagen gestiegen, und der Postillon begann unter abermaligem concertirenden Accompagnement seines animalischen Collegen sein Lied zu blasen und jagte in sausendem Galoppe davon.

Das gute Buch aus dem ELM-VERLAG

Die erste deutsche Staatseisenbahn
Philipp August v. Amsberg war der Erbauer dieser Bahn. Ihm widmete der Autor W. M. Wunderlich sein Buch.
104 Seiten Großformat, eine Farbtafel, 70 Abbildungen, farbiger Umschlag, gebunden.
ISBN 3-9800219-7-1   DM 34,–

Der Autor Jürgen Hodemacher und der Maler Wilhelm Krieg stellen in diesem Buch den Landkreis Wolfenbüttel vor. 106 Federzeichnungen und 103 Kurztexte geben einen Einblick in die Geschichte der Städte und Dörfer. 220 Seiten, farbiger Umschlag, gebunden.
ISBN 3-9800219-4-7   DM 24,80

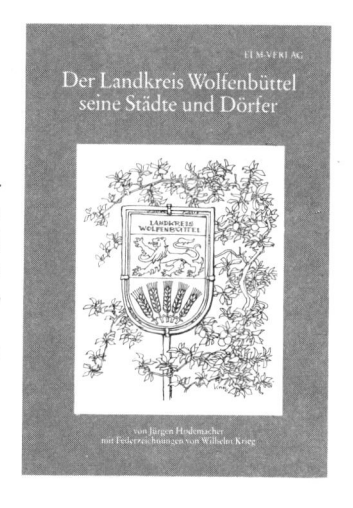

Bisher fehlte dem Interessenten ein leicht faßlicher Überblick über das Braunschweigische Militär. Die Aufgabe, die sich der anerkannte Heereskundler Georg Ortenburg gestellt hat, war, einen historischen Abriß dieses Kapitels zu geben. Im Geleitwort schreibt Professor Dr. W. Knopp: „Die Geschichte des Braunschweigischen Militärs aus der sachkundigen Feder von G. Ortenburg schließt eine oft empfundene Lücke." In einem Anhang berichtet der Braunschweiger Autor J. Hodemacher über Braunschweiger Kasernen. 116 Seiten, acht Farbtafeln und mehr als 60 Abbildungen, farbiger Umschlag, gebunden.
ISBN 3-9800219-6-3   DM 42,–

Plattdeutsche Bücher aus dem ELM-VERLAG

Dieser Band umfaßt eine Sammlung plattdeutscher Geschichten und Gedichte von Autoren aus dem Braunschweiger Land. Viele Erinnerungen werden wach, liest man die Vertelligen von Wilhelm Börker, Fritz Fricke, Th. Reiche und vieler anderer.
Der Band wurde zusammengestellt von Jürgen Hodemacher und von Günther Bendt illustriert.
Ca. 176 Seiten, farbiger Umschlag, gebunden.
ISBN 3-9800219-5-5 DM 19,80

Hier ist der Band 2 plattdeutscher Geschichten aus unserem Land. Neben einer Reihe Braunschweiger Autoren kommen auch solche zu Wort, die im Harz und in der Heide lebten. Alle hatten jedoch das gleiche Ansinnen: von ihrer Heimat in Plattdeutsch zu berichten.
Ca. 150 Seiten, 15 Zeichnungen von Günther Bendt, farbiger Umschlag, gebunden.
ISBN 3-9800219-9-8 DM 19,80

wie hait dat woll in Platt?
Kleines Wörterbuch für ostfälisches Platt
Endlich ist es da: Ein Wörterbuch für ostfälisches Platt.
Das Interesse an unserer Muttersprache ist in letzter Zeit stark gestiegen. Dieses Buch soll „Anfängern" und „Fortgeschrittenen" helfen, sich leichter in das ostfälische Platt einzulesen. Eine Einführung bringt zunächst etwas über die Sprachgebiete, es folgen die Seiten Hochdeutsch/Platt und Platt/Hochdeutsch sowie plattdeutsche Redewendungen aus unserem Raum. 76 Seiten, brosch.
ISBN 3-9800219-8-X DM 14,80